P9-CDC-276

Giuseppe Gabbi - Alessandra Somaschini

LOS OCEÁNOS

Sp/ GC 21 .G3218 2000
Gabbi, Giuseppe.
Los oc eanos

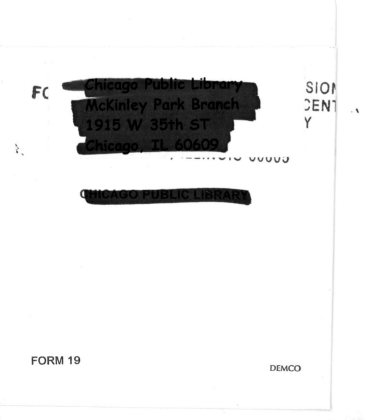

FO   Chicago Public Library   SIO
     McKinley Park Branch   CENT
     1915 W 35th ST   Y
     Chicago, IL 60609

CHICAGO PUBLIC LIBRARY

FORM 19

DEMCO

HIPERLIBROS
DE LA CIENCIA

Una enciclopedia
dirigida por Giovanni Carrada

VOLUMEN 15
LOS OCÉANOS

Texto: *Giuseppe Gabbi, Alessandra Somaschini*
Ilustraciones: *Studio Inklink*
Diseño gráfico: *Sebastiano Ranchetti*
Dirección artística y coordinación: *Laura Ottina*
Maquetación: *Katherine Forden, Laura Ottina*
Búsqueda iconográfica: *Katherine Forden*
Revisión de texto: *Roberto Rugi*
Redacción: *Andrea Bachini, Silvia Paoli, Miria Tamburini*
Fotomecánica: *Venanzoni D.T.P.* - Florencia
Impresión: *Conti Tipocolor* - Calenzano, Florencia
Traducción: *Cálamo & Cran*

Reservados todos los derechos. Ni la totalidad, ni parte de este libro, pueden reproducirse o
transmitirse o archivarse por ningún procedimiento mecánico, informático o electrónico, incluyendo
fotocopia, grabación o cualquier sistema de almacenamiento de información sin permiso escrito de
DoGi spa y Editex, S. A, titulares del Copyright.

© 2000 by **DoGi, spa**, Florencia, Italia

Para la edición en España y países de lengua española:
© **Editorial Editex, S. A.**
Avda. Marconi, nave 17. 28021 - Madrid
I.S.B.N. colección completa: 84-7131-920-9
I.S.B.N. volumen 15: 84-7131-935-7
Número de Código Editex colección completa: 9209
Número de Código Editex volumen 15: 9357
Impreso en Italia - Printed in Italy

DoGi
Una producción DoGi, spa, Florencia

R02002 81098

SUMARIO

LITERATURE AND LANGUAGE DIVISION
FOREIGN LANGUAGE INFORMATION CENTER
THE CHICAGO PUBLIC LIBRARY
400 SOUTH STATE STREET
CHICAGO, ILLINOIS 60605

CÓMO SE USA UN HIPERLIBRO

Un Hiperlibro de la ciencia se puede leer como se leen todos los libros, es decir, desde la primera a la última página. O también como una enciclopedia, yendo a buscar sólo el argumento que nos interesa. Pero lo mejor es leerlo precisamente como un *Hiperlibro*. ¿Qué quiere decir esto?

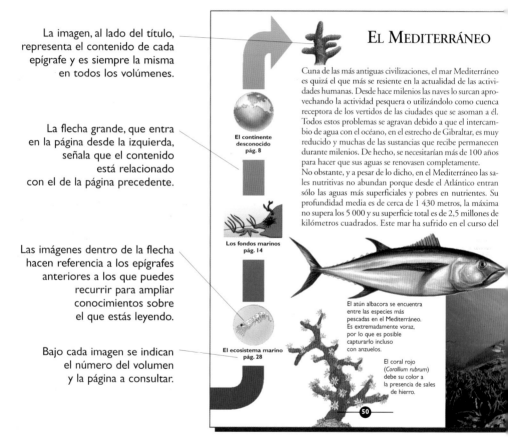

La imagen, al lado del título, representa el contenido de cada epígrafe y es siempre la misma en todos los volúmenes.

La flecha grande, que entra en la página desde la izquierda, señala que el contenido está relacionado con el de la página precedente.

Las imágenes dentro de la flecha hacen referencia a los epígrafes anteriores a los que puedes recurrir para ampliar conocimientos sobre el que estás leyendo.

Bajo cada imagen se indican el número del volumen y la página a consultar.

El continente desconocido pág. 8

Los fondos marinos pág. 14

El ecosistema marino pág. 28

EL MEDITERRÁNEO

Cuna de las más antiguas civilizaciones, el mar Mediterráneo es quizá el que más se resiente en la actualidad de las actividades humanas. Desde hace milenios las naves lo surcan aprovechando la actividad pesquera o utilizándolo como cuenca receptora de los vertidos de las ciudades que se asoman a él. Todos estos problemas se agravan debido a que el intercambio de agua con el océano, en el estrecho de Gibraltar, es muy reducido y muchas de las sustancias que recibe permanecen durante milenios. De hecho, se necesitarían más de 100 años para hacer que sus aguas se renovasen completamente. No obstante, y a pesar de lo dicho, en el Mediterráneo las sales nutritivas no abundan porque desde el Atlántico entran sólo las aguas más superficiales y pobres en nutrientes. Su profundidad media es de cerca de 1 430 metros, la máxima no supera los 5 000 y su superficie total es de 2,5 millones de kilómetros cuadrados. Este mar ha sufrido en el curso del

El atún albacora se encuentra entre las especies más pescadas en el Mediterráneo. Es extremadamente voraz, por lo que es posible capturarlo incluso con anzuelos.

El coral rojo (*Corallium rubrum*) debe su color a la presencia de sales de hierro.

50

Hiperlibros de la ciencia

En la ciencia, cada argumento está ligado a muchos otros, tal vez pertenecientes a sectores completamente diferentes pero todos importantes para comprenderlo mejor. Encontrarlos no es un problema gracias a Hiperlibros. El que quiera conocer un argumento, leerá las páginas que se refieren al mismo y, desde ahí, partirá a explorar todas las conexiones, simplemente «siguiendo las flechas». Por lo tanto, se puede abrir un Hiperlibro en cualquier página y, a partir de esta, navegar en el mundo de la ciencia dejándose guiar por las remisiones ilustradas, siguiendo nuestras búsquedas o la curiosidad del momento.

Entre las especies características del Mediterráneo, aunque no sólo de este mar, figura la morena (*Muranea helena*), que tiene una carne excelente. Su mordedura es considerada venenosa y, efectivamente, puede producir dolorosas heridas.

La flecha grande que sale de la página desde la derecha indica que el argumento de la página está ligado estrechamente a los de las páginas sucesivas, las cuales lo completan o lo desarrollan, o que continúan la evolución del volumen.

último millón de años varios períodos de sequía, en los que se convertía en una inmensa extensión de charcas calientes y muy saladas, sucedidos de períodos de relleno, en los que se presentaba como un verdadero mar templado. Las progresivas transgresiones y regresiones de las aguas a través del estrecho de Gibraltar han tenido profundas repercusiones sobre los organismos que viven en ellas, causando extinciones masivas o recolonizaciones. Todavía hoy se encuentran en el Mediterráneo peces e invertebrados de gran colorido como las doncellas y las anaranjadas madréporas asteroideas, recuerdo de una fauna tropical, o, en los fondos marinos del norte del Adriático, las algas pardas del género *Fucus*, residuos de una fauna adaptada a climas fríos.

Las imágenes en el interior de la flecha indican las remisiones a los argumentos que pueden leerse después del de la página, para profundizar en él o explorar sus consecuencias.

Las posidonias son plantas marinas que crecen a baja profundidad a lo largo de las costas mediterráneas. Las hojas laminadas se usan como mullido: el llamado crin vegetal.

La tortuga careta, con unos miembros anteriores enormes, es una excelente nadadora, pero también es vaga y a veces prefiere hacerse transportar por la corriente.

Los ambientes mediterráneos vol. 14 - pág. 54

El rico y puntual conjunto iconográfico y las leyendas completan y ejemplifican el desarrollo del argumento.

El continente desconocido

¿Por qué nuestro planeta se llama Tierra? En realidad sería más justo llamarlo Mar, puesto que los océanos cubren más de dos tercios de su superficie. Sus aguas ocupan un volumen de más de un millón de kilómetros cúbicos: algo así como 450 000 millones de litros por cada habitante del planeta. Sin embargo, aunque el mar sea el hábitat más grande de la Tierra, también es el menos conocido.

Es más, hasta la mitad del siglo pasado era prácticamente desconocido. Desde entonces, la investigación oceanográfica nos ha desvelado muchos de sus secretos. Sabemos qué forma tienen los fondos marinos, conocemos los movimientos de las corrientes principales, hemos estudiado muchos de los organismos que lo habitan y comenzamos a entender algo del funcionamiento de los ecosistemas marinos. Pero, a pesar de estos progresos, todavía son muchos los misterios por desvelar, y los conocimientos que tenemos son bastante superficiales. Para hacerse una idea de todo lo que nos queda por descubrir, basta pensar que sabemos muy poco sobre las relaciones que ligan a los océanos con la atmósfera. Y en cambio, de ellos depende la regulación del clima de nuestro planeta, que tal vez estemos modificando a causa de la contaminación atmosférica.

La Tierra
vol. 5 - pág. 32

Las dimensiones
de la Tierra
vol. 7 - pág. 14

La Tierra primitiva
vol. 16 - pág. 12

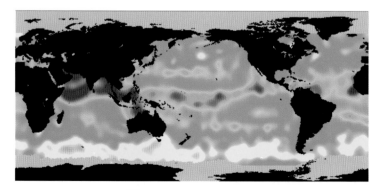

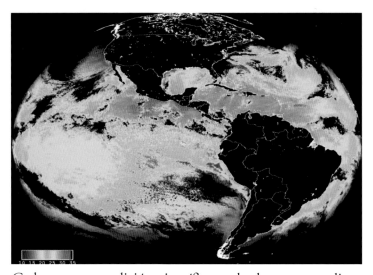

Gráfico de temperaturas realizado con un ordenador. Los colores del recuadro inferior a la izquierda indican la temperatura de los mares.

Cada nueva expedición científica en las barreras coralinas de los mares tropicales o en los fondos abisales, conduce al descubrimiento de un gran número de especies animales antes desconocidas. Y, sin embargo, estamos contaminando el mar, poniendo en peligro la supervivencia de especies que un día podrían sernos de gran utilidad para acabar con el hambre, o de las que podríamos obtener preciados fármacos. Desconocemos las características concretas de la mayoría de las clases de peces que capturamos. De ellas depende la supervivencia de millones de personas y numerosas señales de alarma nos hacen pensar que estamos pescando de manera incontrolada. En realidad, los océanos suponen para el ser humano un sexto continente aún por descubrir.

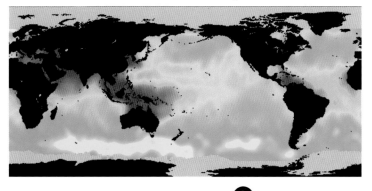

Con las imágenes por satélite, elaboradas con sofisticadas técnicas digitales, es posible valorar diversos parámetros relacionados con los océanos, como la velocidad del viento (a la izquierda), la altura de las olas (junto a estas líneas) o la humedad de la atmósfera.

Las aguas oceánicas están consteladas en algunos puntos por cadenas de islas volcánicas, que son porciones emergidas de inmensas cadenas submarinas o, como aquí, producto de «puntos calientes».

Los mares pueden estar comunicados entre sí o con los océanos a través de los estrechos.
El estrecho de Bering une el mar Glacial Ártico con el océano Pacífico.

Asia

Mar de Ojotsk

Golfo de Alaska

América

Mar de Japón

Islas Hawai

Mar de China Meridional

Océano Pacífico

Mar de Coral

Australia

Nueva Zelanda

Océano Antártico

Australia es un continente muy antiguo. La construcción que los organismos marinos han realizado en torno a sus costas ha dado lugar a uno de los fenómenos naturales más impresionantes: la Gran Barrera Coralina.

El océano Antártico rodea el único continente perennemente helado de la Tierra, del que toma su nombre. En los últimos decenios, la Antártida ha sido objeto de profundas investigaciones debido a la riqueza de sus recursos naturales.

El océano Pacífico es el área marina de mayor extensión de nuestro planeta. Sus aguas ocupan alrededor de una tercera parte de la superficie de la Tierra.

El mar de los Sargazos es una zona de aguas tranquilas y templadas que toma su nombre de un alga flotante, el sargazo. Las anguilas viajan hasta este mar para reproducirse.

El mar del Norte es tal vez el mejor conocido de todos gracias a las investigaciones que los biólogos marinos han realizado desde principios de este siglo. Su fondo es rico en petróleo y gas que extraen las plataformas petrolíferas en mar abierto.

Mar del Norte

Europa

Mar Mediterráneo

Asia

Mar de Arabia

África

Golfo de Guinea

Océano Índico

Océano Atlántico

Madagascar

Océano Antártico

El Índico es el más pequeño de los 3 grandes océanos y también el que tiene la temperatura media y el nivel de salinidad más altos.

Algunas islas del centro del océano Atlántico, como por ejemplo la isla de Santa Elena o el archipiélago de las Azores, son las cumbres de la cadena montañosa más larga del mundo, la dorsal oceánica, que divide el Atlántico en dos.

El océano Atlántico es por sus dimensiones la segunda masa de agua de nuestro planeta. Es casi tan grande como la mitad del océano Pacífico y cuenta con numerosas zonas pesqueras.

La investigación oceanográfica pág. 88

La exploración de los abismos pág. 90

Los océanos y el clima vol. 8 - pág. 70

Bajo el agua

El agua es el elemento donde los organismos marinos nacen, crecen, respiran y encuentran el alimento para sobrevivir, pero también donde se reproducen y mueren, convirtiéndose a su vez en alimento para otros organismos. Por eso muchos de los aspectos de su vida dependen de las características del agua, es decir, de sus propiedades físicas y de su composición

Cuando un rayo de sol llega a la superficie marina, una parte se refleja, mientras el resto penetra en el agua calentándola. A 20 metros de profundidad, la intensidad lumínica, y, por lo tanto, la visibilidad, se reduce a la mitad. A 50 metros, se reduce hasta una décima parte.

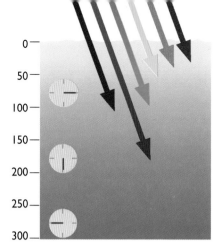

Si en el hábitat terrestre la presión es casi constante, bajo el agua aumenta una atmósfera cada 10 metros. En las fosas marinas la presión es 1 000 veces mayor a la que estamos acostumbrados.

Al penetrar en el agua, los rayos lumínicos modifican la composición de sus colores. El rojo es el primer color en ser absorbido, mientras que el azul y el verde llegan hasta 200 metros de profundidad.

El ecosistema marino
pág. 28

El ser humano
bajo el agua
pág. 86

La exploración
de los abismos
pág. 90

química. Temperatura, densidad, grado de penetración de la luz y presión son características físicas fundamentales. La temperatura es quizá el factor más importante y depende de la energía solar que llega hasta la superficie del mar; y que es en parte absorbida y en parte reflejada por la masa de agua. Según la latitud, los rayos solares llegan más o menos inclinados para calentar los estratos más superficiales de los océanos; por eso la temperatura del agua varía de acuerdo con la latitud y con las estaciones: en el ecuador puede alcanzar los 27 °C y en los polos, en invierno, los -2 °C. En cambio, en los estratos profundos, donde nunca llega la luz del sol, la temperatura es siempre baja: entre 0° y -1,9 °C en los mares árticos y entre 0° y 2,5 °C en los mares templados. Esto sucede porque las aguas más calientes, que son también las menos densas y más ligeras, tienden a flotar y a permanecer en la superficie, mientras que las más frías, como son más densas y pesadas, suelen depositarse en las zonas más profundas. Sin embargo, la disminución de la temperatura al pasar de la superficie a los abismos no es constante, sino que entre los 100 y los 500 metros existe una profundidad particular, llamada termoclina, donde se asiste a un brusco salto de la temperatura. La termoclina es muy importante desde el punto de vista biológico, porque representa una frontera entre la distribución de las especies adaptadas al agua caliente y las que prefieren el agua fría de las profundidades.

La máquina Tierra
vol. 7 - pág. 30

LOS FONDOS MARINOS

Hoy en día, gracias a instrumentos como los sonares que llevan los barcos y los submarinos y los radares altimétricos de los satélites, conocemos más detalladamente la configuración de los fondos oceánicos. Estos presentan características comunes en todas las regiones del planeta. El límite de la marea, que es donde comienza el hábitat marino, es en realidad un límite virtual, puesto que el margen de los continentes continúa bajo el nivel del mar con una plataforma que desciende lentamente, llamada plataforma continental. Esta, partiendo de la costa, se extiende hasta una profundidad media de 200 metros y representa la zona marítima más rica en organismos, por lo que es donde las actividades pesqueras son más intensas. Después de la plataforma continental, el fondo marino desciende bruscamente y da lugar al talud continental, que llega a una profundidad de más de 3 000 metros y que, con una pendiente del 45 %, constituye el verdadero límite entre los continentes y los fondos oceánicos. Como es muy empinado, el talud suele estar surcado por valles o cañones, que tienen su origen en inmensos desprendimientos submarinos de sedimentos vertidos por los ríos en las aguas del mar. Al final del talud continental, los fondos marinos

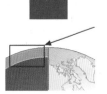

La corteza terrestre
vol. 7 - pág. 36

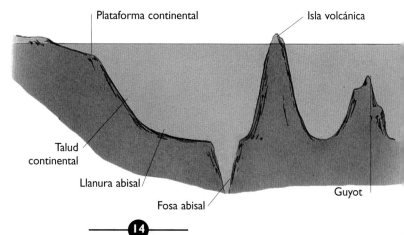

Plataforma continental

Isla volcánica

Talud continental

Llanura abisal

Fosa abisal

Guyot

Los ríos transportan parte del material terrestre hasta el mar. El Amazonas es el río que transporta la mayor cantidad de agua y sedimentos, equivalente a 770 000 millones de litros por hora.

asumen el aspecto de inmensas llanuras abisales, localizadas a una profundidad media de 4 000-5 000 metros. Aquí, las rocas son muy escasas y el fondo está formado por una inmensa extensión de fango muy fino.

Pero los fondos marinos pueden ser todavía más profundos, como en el caso de las llamadas fosas abisales, que pueden llegar incluso a los 11 000 metros.

Sólo en el centro de los tres océanos principales las monótonas llanuras se ven interrumpidas por una serie de largas cadenas montañosas, señal de que la intensa actividad volcánica es la base de la formación de los fondos oceánicos. Estas montañas, llamadas dorsales oceánicas, alcanzan la superficie en algunos puntos, dando origen a islas oceánicas, como Ascensión o las Azores.

Una parte del sedimento que los ríos transportan hasta el mar se deposita en los deltas, mientras la otra parte desciende por el talud continental provocando corrientes turbias, avalanchas submarinas que hacen que los detritos se acumulen en la base del propio talud.

En la página anterior se representa una sección del océano con las divisiones más importantes de sus fondos.

La fosa de las Marianas
es el punto más
profundo del océano
(10 920 metros).

En las zonas de
subducción, el fondo
se curva bajo las
placas continentales
y se sumerge en el
interior de la Tierra.

Las cadenas
volcánicas submarinas
que surcan
longitudinalmente
la parte central de los
océanos delimitan el
punto de encuentro
entre las zonas de
dos continentes. La
lava que expulsan
forma siempre un
nuevo fondo oceánico
que con el tiempo se
aleja de la dorsal.

Los océanos tienen
una profundidad media
de 3 730 metros.

La corteza terrestre está
más o menos a 2 400
metros bajo el nivel del mar.

La altura media de
los continentes es
de 870 metros sobre
el nivel del mar.

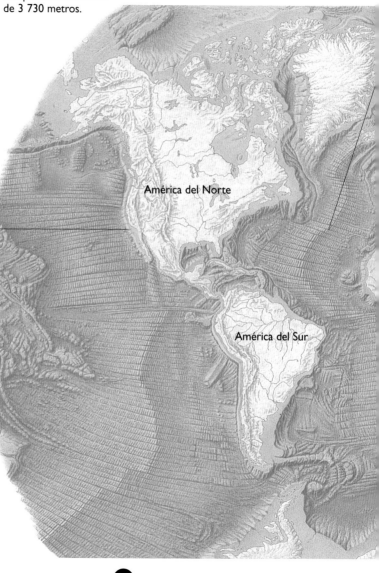

América del Norte

América del Sur

Las líneas de fractura que cortan transversalmente los fondos oceánicos son grietas de la corteza terrestre generadas por el movimiento de las placas continentales.

La porción sumergida del continente está rodeada bajo el agua por las plataformas continentales, zonas de mar poco profundo que pueden tener una extensión variable.

Las islas oceánicas no son sino partes emergidas de grandes volcanes submarinos.

**El bentos
pág. 38**

Europa

Asia

Arabia

África

Australia

Antártida

**Las fuentes
termales submarinas
pág. 70**

EL AGUA MARINA

Resulta curioso pensar que la sangre tiene una concentración de sales similar a la del agua del mar. Es como si los vertebrados, a lo largo del curso de su evolución e incluso después del duro proceso de colonización de las tierras emergidas, se hubieran llevado consigo una pequeña porción del mar. La salinidad media del agua del mar es del 35 por mil o, lo que es lo mismo, hay 35 gramos de sal por cada kilo de agua. Dentro de las sales presentes en la solución predomina el cloruro de sodio, es decir, la sal que utilizamos para cocinar. De todas formas, no todos los mares tienen la misma salinidad. Donde las aportaciones de agua dulce son más abundantes y la evaporación más escasa, la salinidad se reduce. En el mar Báltico, por ejemplo, de temperatura fría y en el que desembocan más de doscientos ríos, la salinidad es del 5 por mil. En cambio, cuando la evaporación es más fuerte, la salinidad aumenta: en el mar Rojo, que no recibe agua dulce y la temperatura del agua es alta, la salinidad puede alcanzar el 43 por mil. Gracias a la presencia de sales, el agua del mar próxima a los polos no se transforma en hielo a los 0 °C, y por eso la temperatura puede descender más

La propiedad del agua
vol. 1 - pág. 70

Las soluciones
vol. 3 - pág. 16

El ciclo del agua
vol. 8 - pág. 42

La mayor parte del agua presente hoy en día sobre la Tierra ha llegado hasta la superficie procedente de las erupciones volcánicas de hace miles de millones de años.

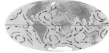

Las corrientes
pág. 24

El ser humano ha aprovechado siempre los recursos del mar: la sal, una valiosa mercancía de intercambio en la antigüedad, es uno de estos. En la página anterior, una salina.

Sólo después de millones de años la Tierra comenzó a enfriarse lentamente y la condensación del vapor de agua llevó a la formación de las primeras cuencas de agua, el estado inicial de los océanos actuales.

El ecosistema marino
pág. 28

allá de bajo cero sin que los mares se hielen. Aunque si esto sucede no supone ningún problema, pues el agua tiene una propiedad muy particular: cuando se solidifica y se convierte en hielo, su densidad, en vez de aumentar, disminuye. Por eso en los mares fríos el hielo flota y ocupa sólo las capas más superficiales. Así, el agua que se encuentra debajo puede permanecer en estado líquido y los organismos que viven en ella continuar su vida con normalidad.

Otras sales

Potasio
Calcio
Magnesio
Sulfato

Sodio

Cloruro

Las zonas
de afloramiento
pág. 32

LAS OLAS

La superficie de los mares nunca es completamente lisa. El viento hace que se encrespe y cuando este se mantiene constante o aumenta, el encrespamiento se acentúa cada vez más hasta convertirse en un auténtico movimiento ondulante. Las olas se levantan sobre las capas de agua más superficiales debido al empuje del viento, y aunque tengan origen en un punto, recorren grandes distancias y pueden alcanzar zonas sin viento. De hecho, si no encuentran obstáculos, las olas pueden continuar propagándose en el mar, atenuando muy lentamente su energía. Las dimensiones de una ola dependen de la fuerza del viento y del espacio de mar que recorran juntos. Por eso las olas más grandes del mundo se encuentran en los océanos meridionales, alrededor del Polo Sur, en una zona llamada los «Rugientes cuarenta», donde el viento y el mar se persiguen sin que les interrumpan los continentes. Por lo general, la longitud de las olas es de alrededor de 30 veces su altura y las olas más largas que se han observado alcanzaban 180-200 metros, y excepcionalmente 600 metros. Las olas se dividen en diferentes categorías. Las olas amortiguadas, que

La física de las olas
vol. 4 - pág. 10

Los vientos
vol. 8 - pág. 30

La fuerza del viento
vol. 8 - pág. 34

En mar abierto las partículas de agua describen un círculo perfecto y vuelven a su posición original.

En la orilla las órbitas cesan, provocando la formación de una cresta ondulada.

Cerca de la orilla, el recorrido de las partículas se vuelve elíptico porque los detritos del fondo las frenan.

Las olas tienen una gran importancia en la erosión de las costas. Arrastran los materiales de las rocas y las modelan.

Las olas no mueven el agua. En realidad, todas las partículas de agua vuelven al punto de partida una vez ha pasado la ola.

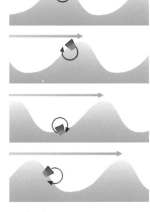

La erosión vol. 7 - pág. 44

son las que aprovechan los surfistas, se forman en los fondos marinos y remontan suavemente hacia la playa, así que la ola se desplaza durante mucho tiempo sin romperse. Las olas de choque, por el contrario, son muy violentas y se forman donde los fondos ascienden bruscamente en proximidad con la costa. Cuando golpean la orilla pueden ejercer presiones de hasta 30 toneladas por metro cuadrado. Las olas solitarias pueden tener una altura de entre 10 y 15 metros y se originan mar adentro a causa de violentas tempestades oceánicas, como los ciclones. Debido a su elevada velocidad alcanzan la costa antes de que llegue el ciclón y provocan gravísimos daños. Por último, las olas sísmicas son unas olas solitarias particulares, no provocadas por vientos o mareas, sino por terremotos o erupciones volcánicas submarinas. A veces cruzan océanos enteros llevando la muerte y la destrucción a miles de kilómetros de distancia.

LAS MAREAS

**La gravitación
universal
vol. 2 - pág. 26**

**La Luna
vol. 5 - pág. 34**

Desde que en la Tierra se formaron los primeros mares, el nivel del agua asciende y desciende dos veces al día. La fuerza que eleva las aguas es la atracción gravitatoria ejercida por la Luna y el Sol. Cuando la Luna se encuentra en la vertical de un punto, su atracción se suma a la fuerza centrífuga de la rotación terrestre, haciendo que la masa de agua se eleve: es la marea alta. En la otra parte del planeta, en cambio, la fuerza centrífuga prevalece sobre la atracción lunar y determina también otra elevación; como consecuencia, en las posiciones intermedias el nivel del agua desciende: es la marea baja. La diferencia entre el nivel de la marea alta y de la marea baja se llama amplitud de marea. Las oscilaciones de marea más grandes del mundo son las de la bahía de Fundy, en Canadá, que pueden alcanzar hasta 18 metros. Para complicar aún más las cosas se encuentra el Sol, que aunque lejano, posee una masa mucho mayor que la de la Luna. Si los dos astros se encuentran alineados, sus fuerzas de atracción se unen y la marea alta alcanza su nivel máximo. Si por el contrario se encuentran en ángulo recto, la marea alta se sitúa en su nivel mínimo. La marea alta no se produce exactamente cuando pasa la Luna sino un poco más tarde, porque es necesario que transcurra algo de tiempo para que el agua se mueva. Además, como la Luna surge aproximadamente 50 minutos más tarde cada día, también la marea alta se retrasa una hora diaria. El movimiento de las mareas es en realidad todavía más complejo, sobre todo porque los océanos no están distribuidos

Si el Sol, la Tierra y la Luna están alineados, sus acciones se suman y el nivel de la marea es especialmente alto. Si las líneas que los unen forman un ángulo recto (cuadratura), sus acciones se oponen y las mareas son mínimas.

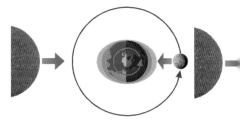

Los organismos de la zona de marea toleran la deshidratación y los cambios de temperatura y salinidad.

En el canal de la Mancha, la amplitud de marea es particularmente amplia. Durante la marea baja, la isla de Mont Saint Michel queda unida al continente por un camino que el mar sumerge periódicamente.

Newton y la astronomía vol. 21 - pág. 86

uniformemente sobre la Tierra, sino que los continentes los interrumpen. El horario y la altura de la marea se encuentran también condicionados por la forma y la profundidad de los fondos acuáticos y de la configuración de las costas. Sin embargo, a pesar de estas complicaciones, las mareas tienen la valiosa características de ser regulares en el tiempo y, por lo tanto, previsibles.

LAS CORRIENTES

Como inmensos ríos que corren en medio del mar, las corrientes tienen una dirección y una velocidad propias y se distinguen de las aguas que atraviesan por su temperatura, densidad y salinidad. Las corrientes presentan la característica de ser constantes en el tiempo y, a diferencia de las mareas y las olas, mueven grandes masas de agua. Si la Tierra no rotase sobre sí misma y el viento no existiese, la circulación de las aguas sería más bien simple: un lento fluir de las aguas calientes superficiales hacia los polos, equilibrado por un también lento deslizamiento de las aguas frías profundas hacia el ecuador. Sin embargo, la realidad de las cosas se complica debido a innumerables factores. La fuerza de Coriolis (que así es como se llama la acción de la rotación terrestre) provoca en el hemisferio norte la formación de corrientes orientadas en el sentido de las agujas del reloj y en el hemisferio sur en sentido contrario.

Si a la acción de la rotación terrestre añadimos el hecho de que los continentes no tienen precisamente una forma regular y que el fondo marino presenta un movimiento a veces muy tormentoso, comprenderemos por qué la circulación oceánica es tan compleja. Para hacernos una idea de esta complejidad, es suficiente pensar que si los océanos estuviesen divididos en dos mitades, cada uno de los estratos se caracterizaría por corrientes que circulan en direcciones completamente opuestas. Aunque las corrientes puedan ser muy lentas, a ellas se deben muchas de las características del hábitat marino y, también, del terrestre. Como si fueran inmensas cintas

El agua marina
pág. 18

El movimiento
de los fluidos
vol. 2 - pág. 54

Los vientos
vol. 8 - pág. 30

transportadoras, las corrientes trasladan a distancias muy lejanas enormes cantidades de calor, y por eso tienen un papel fundamental en la regulación del clima del mundo. La corriente del Golfo, por ejemplo, que tiene un caudal de 74 millones de metros cúbicos de agua por segundo, lleva el calor desde el golfo de Méjico, donde tiene su origen, hasta las costas del norte de Europa, mitigando notablemente su clima. Como las corrientes aseguran la renovación de las aguas y, por lo tanto, de la distribución de sales nutritivas, representan unas verdaderas fronteras invisibles para la distribución de muchos organismos.

Gracias a la acción de la rotación terrestre, en nuestro hemisferio las corrientes se desvían 45 grados a la derecha respecto a la dirección del viento que las genera. En el hemisferio sur la desviación es a la izquierda, y en ambos casos este efecto se reduce profundamente a causa de la fricción.

Las anguilas europeas y americanas emigran para reproducirse en el mar de los Sargazos, una zona de aguas tranquilas en el centro del vórtice de las corrientes atlánticas del norte del ecuador. Las jóvenes anguilas nacen en el mar de los Sargazos y la corriente del Golfo las traslada desde aquí hasta las costas europeas, donde crecerán en las lagunas.

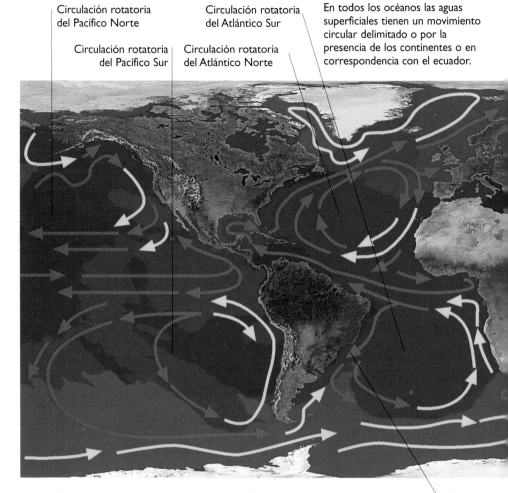

Circulación rotatoria del Pacífico Norte

Circulación rotatoria del Pacífico Sur

Circulación rotatoria del Atlántico Sur

Circulación rotatoria del Atlántico Norte

En todos los océanos las aguas superficiales tienen un movimiento circular delimitado o por la presencia de los continentes o en correspondencia con el ecuador.

La circulación de las aguas profundas se caracteriza por las aguas frías procedentes de los polos: en todos los océanos existen masas de agua de diferentes orígenes que se mueven independientemente unas de otras.

Corriente Brasileña

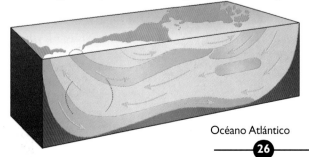

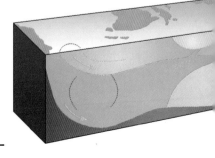

Océano Atlántico

Las corrientes condicionan el clima transportando aguas calientes o frías. El clima de las costas de Perú, por ejemplo, es mucho más frío que el de Brasil, en la misma latitud, porque está sujeto a una corriente que procede de la Antártida.

Corriente Kuro Shio

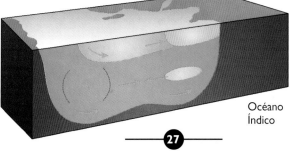

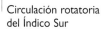
Circulación rotatoria del Índico Sur

Corrientes frías

Corrientes calientes

Océano Pacífico

Océano Índico

El plancton pág. 34

Los océanos y el clima vol. 8 - pág. 70

EL ECOSISTEMA MARINO

Al igual que sucede en tierra firme, lo que permite la vida en el océano es la luz del Sol, que los vegetales utilizan para transformar el agua, el anhídrido carbónico y las sales minerales en sustancia orgánica, alimento para sí mismos y para todos los animales. Su producción tiene lugar en las capas superficiales de la masa de agua, que son las que reciben la mayor cantidad de radiación luminosa. Aquí, en mar abierto, los vegetales están representados por un enorme número de algas unicelulares, invisibles a simple vista, que viven flotando en las aguas: son el llamado fitoplancton. En las aguas costeras, en cambio, una parte de la sustancia orgánica es de origen terrestre, transportada por los ríos, y hay vegetales que viven anclados en el fondo marino.

Gracias precisamente a la riqueza de sales minerales transportadas por los ríos y a la presencia de comunidades de vegetales que colonizan los fondos, las zonas costeras son las áreas marinas más productivas. En estos hábitats, que recubren poco más del 5 % de la superficie de los océanos, se sintetiza más del 90 % de la sustancia orgánica. En el mar,

El agua marina
pág. 18

La pirámide
alimentaria
vol. 14 - pág. 12

¿Qué es un
ecosistema?
vol. 14 - pág. 34

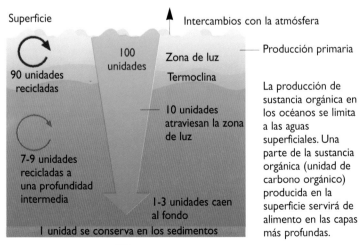

Superficie

Intercambios con la atmósfera

90 unidades recicladas

100 unidades

Zona de luz

Termoclina

—— Producción primaria

10 unidades atraviesan la zona de luz

7-9 unidades recicladas a una profundidad intermedia

1-3 unidades caen al fondo

1 unidad se conserva en los sedimentos

La producción de sustancia orgánica en los océanos se limita a las aguas superficiales. Una parte de la sustancia orgánica (unidad de carbono orgánico) producida en la superficie servirá de alimento en las capas más profundas.

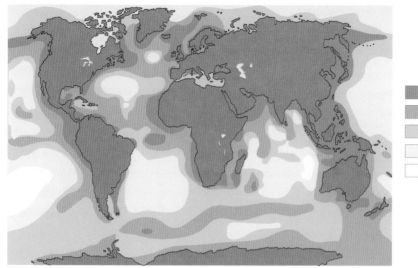

más de 500

500-250

250-150

150-100

menos de100

la velocidad con la que los organismos vegetales se multiplican es tan elevada que los herbívoros no son capaces de consumirlos todos. Por consiguiente, los vegetales que no han servido de alimento en las capas superficiales se convierten tras su muerte en detritos, gracias a la acción de hongos y bacterias, y caen lentamente hacia el fondo, donde servirán de alimento para la misteriosa fauna que vive en la oscuridad de los abismos.

Arriba, un mapa de la productividad o, lo que es lo mismo, de la producción diaria de sustancia orgánica marina en miligramos de carbono por metro cuadrado de plancton. Las zonas más productivas están situadas cerca de las costas.

La cadena alimentaria en el mar puede representarse como una pirámide. Los productores, es decir, el fitoplancton, son mucho más numerosos que los herbívoros, que a su vez son más abundantes que los carnívoros, que pueden ser presa de otros carnívoros, generalmente de mayor tamaño.

Detritos y sales minerales

Plancton

Consumidores
terciarios

Consumidores
secundarios

La luz es indispensable
para los productores de
plancton (fitoplancton).

En las zonas tropicales, gracias a
las corrientes de afloramiento,
las aguas frías y profundas, ricas
en nutrientes, también llegan a
la superficie, y favorecen así
el mecanismo de la cadena
alimentaria.

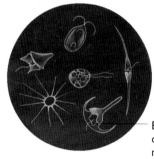

El fitoplancton está
constituido por
minúsculas algas
que viven en las aguas
superficiales, donde
llega la luz. Son
los productores.

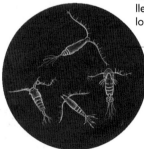

El zooplancton es
la fracción animal del
plancton y está representada
fundamentalmente por
pequeños crustáceos que
se nutren de fitoplancton.
Son los consumidores
primarios.

Detritos
y restos
orgánicos

Con la actividad pesquera y el consumo de productos marinos, el ser humano se incorpora a la pirámide alimentaria marina.

El plancton
pág. 34

Los depredadores pueden definirse como consumidores secundarios cuando comen el zooplancton, ya que se alimentan de los consumidores primarios.

El necton
pág. 36

El bentos
pág. 38

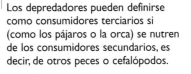

Los depredadores pueden definirse como consumidores terciarios si (como los pájaros o la orca) se nutren de los consumidores secundarios, es decir, de otros peces o cefalópodos.

LAS ZONAS DE AFLORAMIENTO

Los vegetales marinos necesitan abono (en forma de sales nutritivas) para poder crecer. Este es el motivo por el que en las zonas de mar más ricas en nutrientes la producción de alimento resulta más elevada. Observando una carta oceanográfica con los datos de productividad, es decir, con las cantidades de sustancia orgánica producida en un período de tiempo, por ejemplo un año, nos damos cuenta de que las áreas más ricas corresponden a los mares fríos de los dos hemisferios, las costas occidentales de los continentes y la desembocadura de los grandes ríos. El primer caso, aunque contrasta con la opinión

El agua marina
pág. 18

Las corrientes
pág. 24

El ecosistema marino
pág. 28

Cuando las capas de agua superficiales se mueven a causa del viento, las profundas (más frías y ricas en nutrientes) tienden en compensación a subir hacia la superficie.

Las zonas caracterizadas por contracorrientes, donde las cadenas alimentarias son muy ricas, representan las áreas pesqueras del mundo.

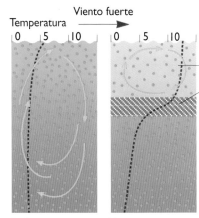

Temperatura
Viento fuerte →

0 5 10   0 5 10

Concentración relativa de nutrientes

Línea de la temperatura

Termoclina

Los mares templados se caracterizan por una condición de homeotermia en invierno, cuando las aguas se mezclan completamente, y por una condición de estratificación en verano.

Invierno   Verano

común según la cual los azules mares tropicales son los más llenos de vida, tiene una fácil explicación. En los mares más fríos, de hecho, no existen diferencias de temperatura entre la superficie y el fondo, lo que permite que la masa de agua se mezcle continuamente. De este modo, los nutrientes que tenderían a depositarse en el fondo (porque es ahí donde tiene lugar la descomposición de los organismos muertos) son continuamente devueltos a la superficie, donde hay luz, y puestos de nuevo a disposición de los vegetales. En los mares calientes, en cambio, se verifica una estratificación de las aguas: las más calientes y ligeras permanecen en la superficie y no se mezclan con las más frías, pesadas y ricas en nutrientes que se encuentran en las profundidades.

En determinadas áreas geográficas, cuando la costa recibe vientos constantes que soplan en dirección al mar abierto, las capas de la superficie son empujadas hacia el interior y, por consiguiente, la masa de agua profunda que se encuentra bajo la costa tiende a subir por la pendiente del fondo marino. Estas corrientes de ascenso son las que transportan hasta la superficie las frías aguas profundas ricas en nutrientes. Este tipo de corrientes se encuentran también a lo largo de las costas occidentales de los continentes, porque, a consecuencia de la rotación terrestre, la masa de agua sigue este movimiento con una cierta inercia, provocando la formación de corrientes de deriva que favorecen el afloramiento de las aguas más profundas.

La pesca pág. 78

EL PLANCTON

Las corrientes
pág. 24

Ir a la deriva, dejándose transportar por las corrientes: esta es la vida del inmenso número de organismos animales y vegetales que compone el plancton, término procedente del griego y que significa «vagante». La gran mayoría de estos organismos tiene dimensiones microscópicas, entre una cincuentésima fracción de milímetro y un milímetro. Pero algunos pueden ser muy grandes, como las medusas, o como la carabela portuguesa, una pariente suya dotada de un órgano de flotación en forma de globo y de terribles tentáculos urticantes que pueden superar los veinte metros de longitud.

Las adaptaciones que deben poseer los organismos del plancton para mantener este estilo de vida no son pocas. Basta pensar que para evitar caer lentamente hacia el fondo tienen que ser muy ligeros, y esto sólo es posible si el cuerpo tiene una densidad similar a la del medio en el que vive. Por eso muchos de ellos están constituidos por más de un 90 % de agua. ¿Os habéis fijado en cómo parece que la medusa vaya a disolverse cuando la sacan del agua? Para frenar la posible caída hacia el fondo, también puede ser útil tener la forma de un paracaídas o numerosos apéndices y expansiones laminares que aumentan el roce con el agua. La elevada concentración de líquido vuelve a estos

Los invertebrados
vol. 11

julio - septiembre

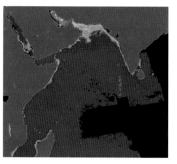

abril - junio

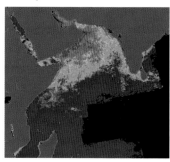

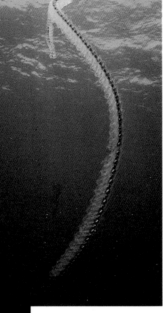

Muchos organismos planctónicos están dotados de células urticantes. Es el caso del sifonóforo representado aquí abajo.

Para ralentizar la caída hacia el fondo, las salpas forman colonias de varios metros de longitud y viven agarradas las unas a las otras como si fueran vagones de un tren ligero y transparente.

Mediante las imágenes por satélite (página anterior) es posible evaluar la cantidad de plancton en cada una de las estaciones.

El ecosistema marino
pág. 28

organismos casi transparentes, una ventaja para quien no tiene refugio donde esconderse. Pero esta no es la única solución para huir de los depredadores. Durante el día, muchos animales planctónicos (el llamado zooplancton) se refugian en las profundidades, donde la penumbra los protege. En cambio, con la puesta del sol se mueven lentamente hacia la superficie, donde pasan toda la noche alimentándose de algas.

EL NECTON

No hay duda de que ser un hábil cazador ofrece enormes ventajas para los habitantes marinos. Lo primero de todo es que ya no se está a merced de las corrientes como le sucede al plancton, sino que es posible moverse activamente en busca de las zonas más ricas en alimento. Además, se puede huir de manera más enérgica y eficaz de los depredadores y es mucho más fácil encontrar una pareja para reproducirse. Los oceanógrafos llaman necton al conjunto de organismos capaces de nadar en oposición a las corrientes.

Todos los organismos del necton, ya sean peces, mamíferos, pingüinos, crustáceos o moluscos cefalópodos, tienen una característica en común: su cuerpo es fusiforme e hidrodinámico para vencer con mayor facilidad el roce con el agua. Sin embargo, muchos de ellos (sobre todo los peces) no nacen siendo ya hábiles nadadores, sino que son tan pequeños y torpes que las corrientes los arrastran: así que, por lo tanto, forman parte del plancton. Sólo después de un cierto tiempo y, en algunos casos, de haber sufrido una metamorfosis completa, pasan a formar parte del necton.

Los peces que son hábiles nadadores suelen tener la costumbre de reunirse en grupos que nadan en perfecta sincronía, a la misma velocidad y en la misma dirección. Estos bancos están constituidos por individuos de la misma talla que se disponen de manera muy regular en

Los invertebrados vol. 11

Los vertebrados vol. 12

Los delfines son mamíferos adaptados a la vida en el mar, pero su adaptación no es completa: todavía tienen que salir frecuentemente a la superficie para respirar.

el espacio. De este modo, cada individuo emplea menos energía para moverse, ya que puede aprovechar la turbulencia creada por el movimiento de sus compañeros. Por otra parte, el juntarse en bancos, como sucede también entre los herbívoros terrestres, permite defenderse mejor de los depredadores, a quienes, al no poder escoger una víctima, es fácil desorientar.

El ecosistema marino pág. 28

Numerosas especies de escualos (arriba) están adaptadas para nadar velozmente. De hecho, se trata de terribles depredadores.

Muchos animales nectónidos tienen el cuerpo con una doble coloración, oscura en el dorso y clara en el vientre, para confundirse con su entorno.

EL BENTOS

No todos los organismos que viven en el mar pasan su existencia cerca de la superficie del agua. Por el contrario, la mayor diversificación de formas y de grupos zoológicos se encuentra en los fondos marinos. Todos aquellos organismos que tienen una estrecha relación con los fondos forman parte del llamado bentos. También en el mar existen llanuras que se alternan con cadenas montañosas y los organismos que viven en estos dos ambientes son muy diferentes entre sí. En las zonas de llanura el terreno puede estar constituido por arena, como la que podemos ver a lo largo de muchas costas, o por cieno, que caracteriza los fondos más profundos. En ambos casos, los animales viven en estos fondos escondidos dentro del sedimento para ocultarse de los depredadores. Diferente es la situación de los fondos rocosos, donde no se puede excavar para construir madrigueras y refugios. En las zonas a las que llega la luz, los fondos rocosos han sido colonizados por ricas poblaciones vegetales que, como un denso bosque, ofrecen refugio y protección a la fauna. En el dominio bentónico las relaciones con los fondos pueden ser de diversa naturaleza: muchas especies de peces e invertebrados, aun siendo capaces de nadar, se posan generalmente en el fondo donde viven buscando alimentos. Otros invertebrados pueden pasar toda su vida fijos en un punto, al igual que hacen las plantas, solos o agrupándose en colonias de más individuos, recogiendo el alimento que arrastran las corrientes.

Los fondos marinos
pág. 14

Los invertebrados
vol. 11

Los vertebrados
vol. 12

Los rodaballos son peces bentónicos con el cuerpo aplanado dorsal y ventralmente para esconderse en el sedimento. El lado apoyado en el fondo carece de ojos, que se encuentran sobre el lado situado hacia arriba.

Los fondos rocosos están poblados por animales sedentarios como erizos, esponjas, estrellas de mar, serpientes marinas y anémonas.

Las escorpinas son peces bentónicos que se mimetizan entre las rocas y las algas.

Los fondos móviles, como este del Atlántico, están habitados por una fauna particular que vive enterrada en el sedimento.

El ecosistema marino pág. 28

El poliqueto
Arenicola marinus.   La ofiura
Amphiura chiajei.   El poliqueto
Amphitrite sp.   El molusco bivalvo
Mya arenaria.

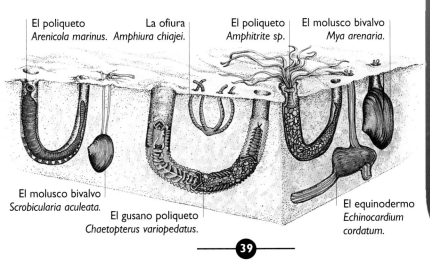

El molusco bivalvo
Scrobicularia aculeata.

El gusano poliqueto
Chaetopterus variopedatus.

El equinodermo
*Echinocardium
cordatum.*

LA VIDA EN LOS ABISMOS

Donde hay luz se puede realizar la fotosíntesis y, por lo tanto, la vida es posible. Se podría creer entonces que los abismos marinos, inmersos en perennes tinieblas, no están poblados por ninguna forma de vida. Y esto es lo que se pensaba de los fondos oceánicos hasta el siglo pasado, cuando las primeras exploraciones subacuáticas efectuadas con redes caladas a gran profundidad revelaron una verdad completamente inesperada: la presencia de numerosas formas de vida, aunque dispersas, más allá de los 10 000 metros de profundidad.

La oscuridad total, la fuerte presión y la temperatura del agua bajo cero no bastan para limitar la vida, aunque la condicionen de manera determinante. De hecho, los animales abisales, ya que sólo de animales se puede hablar en hábitats donde nunca llega la luz, presentan adaptaciones muy particulares para poder vivir donde la comida es muy escasa y difícil de encontrar.

¿Cómo llega el alimento hasta los abismos? Se sabe que la cantidad de plancton disminuye rápidamente a medida que la profundidad aumenta. Las primeras hipótesis propuestas por los científicos consistían en suponer una lenta caída desde lo alto del material orgánico, como restos de organismos muertos, que

Isla de Guam   Fosa de las Marianas

Placa oceánica

Dirección del deslizamiento de la placa oceánica (subducción)

Corteza oceánica

Es difícil encontrarse en la oscuridad de los abismos: por eso, cuando el macho de la rana pescadora encuentra a la hembra se agarra a ella y no la suelta.

Muchos peces abisales están dotados de enormes bocas y de cebos carnosos con los que atraen y capturan a otros raros habitantes de los abismos. Las presas suelen ser de mayor tamaño que ellos y por eso las ranas pescadoras tienen el estómago tan grande.

Las fosas oceánicas se forman en zonas donde el fondo marino se desliza bajo una placa continental. En la página anterior se representa cómo se originó la fosa de las Marianas.

no habían sido consumidos en las zonas más superficiales. Sin embargo, recientemente se ha descubierto que existe un mecanismo activo de transporte producto de las migraciones de los seres vivos. Dichos movimientos se disponen en forma de cadena en el espacio, de modo que cada individuo recorre un trayecto batimétrico de algunos centenares de metros y, una vez que ha descendido, es devorado por algún pez que llega hasta allí desde las zonas todavía más profundas; este, a su vez, cuando regresa a las profundidades es presa de cualquier otro. Este tipo de «cadena migratoria» es un importante sistema para hacer llegar la comida hasta unos 2 000 metros de profundidad. Más abajo, los animales cuentan sólo con la finísima lluvia de detritos muertos que descienden desde lo alto.

El pez pelícano debe su nombre a su enorme boca, tan larga como casi la mitad de su cuerpo.

Muchos organismos abisales son capaces de emitir señales luminosas. Los órganos bioluminiscentes son pequeñas cavidades de la piel dotadas de una lente reflectora y que pueden albergar bacterias que escinden una proteína (luciferina) emitiendo luz. La luz emitida es intermitente y de diferentes colores: puede servir para encontrar pareja o para atraer a las presas.

Para capturar a los calamares en la oscuridad de los abismos, el cachalote emite ecos y percibe su retorno como hacen los murciélagos.

La exploración de los abismos pág. 90

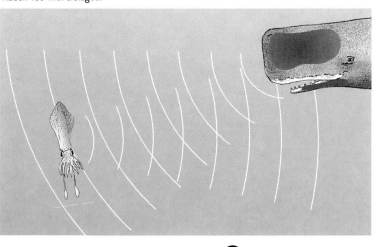

EL OCÉANO ATLÁNTICO

Atlántida es una isla legendaria que, según la mitología griega, fue el lugar de origen del pueblo conquistador de Europa y Asia. A esta isla, desaparecida en la nada, y según algunos localizada más allá de las columnas de Hércules, debe su nombre el océano Atlántico, que en la antigüedad se concebía como un inmenso mar.

El océano Atlántico se caracteriza por diferentes sistemas de circulación de las aguas. En la parte septentrional las corrientes dominantes son templadas, superficiales y mantenidas por los vientos. Desde las costas de Florida parte la corriente del Golfo, que llega a tocar Europa hasta su límite septentrional. Las costas de Norteamérica están en cambio bañadas por la fría corriente del Labrador procedente del Ártico. Se trata de zonas pobladas por grandes

El continente desconocido pág. 8

Los fondos marinos pág. 14

El ecosistema marino pág. 28

Los golfos y las bahías que caracterizan las costas más septentrionales del Atlántico representan un entorno idóneo para el encuentro y la reproducción de numerosos cetáceos. El cachalote (a la derecha) y el beluga (arriba) son los típicos habitantes de las frías aguas del Atlántico.

A lo largo de las costas occidentales del Atlántico septentrional no es difícil encontrar grandes crustáceos como el cangrejo bayoneta (*Limulus polyphemus*), junto a estas líneas, o la langosta americana (*Palinurus argus*). El salmón atlántico (*Salmo salar*) cumple largas migraciones en las aguas de este océano.

migradores, como los salmones atlánticos, y por especies de notable interés comercial como el arenque, la caballa y el bacalao de Escocia. El océano Atlántico no alberga tantos arrecifes de coral, ni siquiera en sus zonas más cálidas, como los océanos Pacífico o Índico. Los arrecifes sólo se encuentran en el mar del Caribe, ya que al sur las aguas atlánticas se han vuelto turbias a causa de los sedimentos vertidos por el río más grande del mundo: el Amazonas. Lo mismo sucede a lo largo de la vertiente oriental del océano, donde desembocan los grandes ríos africanos. Las aguas más templadas del Atlántico son visitadas frecuentemente por las anguilas y el atún atlántico, que recorren miles de kilómetros para trasladarse desde las zonas de alimentación hasta las de reproducción.

EL MAR DEL NORTE

Antiguamente el mar del Norte era una inmensa llanura aluvial donde se acumulaban los detritos arrastrados por el río Rin. Después, la plataforma comprendida entre Francia y Gran Bretaña fue sucesivamente invadida por las aguas del océano Atlántico y se formó así uno de los mares costeros más pequeños y menos profundos del mundo. De hecho, el mar del Norte se extiende por una superficie de 580 000 kilómetros cuadrados y tiene una profundidad máxima de apenas 347 metros. Sus aguas son poco saladas (32-35 por mil) porque reciben gran cantidad de agua dulce de ríos como el Rin y el Támesis. A pesar de encontrarse tan al norte, la temperatura superficial de las aguas raramente desciende por debajo de los 5 °C, porque está mitigada por la corriente del Golfo. Gracias a una marea particularmente amplia que oscila entre los 10 y 15 metros de altura, sus costas, cuando el mar se retira, se convierten en interesantes laboratorios naturales de biología marina. De hecho, durante la marea baja se puede observar el fondo poblado por comunidades de organismos que se distribuyen en bandas horizontales, de acuerdo con su capacidad para resistir la deshidratación.

Los fondos poco profundos, que se deben a la vasta extensión de la plataforma continental, y la gran cantidad de nutrientes transportados por los ríos, son la causa de la elevada productividad del mar del Norte, donde la actividad pesquera ha sido siempre muy intensa. Entre las especies más pescadas se encuentran arenques, bacalaos, caballas y platijas.

Las sardinas, con el cuerpo alargado y el dorso cubierto de escamas azules, se consumen frescas o en conserva, normalmente en aceite.

El bacalao, con el cuerpo alargado y verdoso o marrón, puede alcanzar un metro de largo, o incluso un metro y medio, y 50 kilos de peso. Se consume fresco, congelado, salado o desecado. Además, de su hígado se extrae un aceite rico en vitaminas A y D, que en medicina se usa contra el raquitismo.

Numerosos peces son objeto de una actividad pesquera industrial, que actualmente se encuentra regulada por un acuerdo entre los países miembros de la Unión Europea para evitar su pesca incontrolada.

La platija, como el rodaballo, es un clásico pez asimétrico: tiene el cuerpo aplanado y vive con un lado vuelto hacia el fondo. En el otro, el vuelto hacia la superficie, sus colores son miméticos.

LAS AVES MARINAS

Costas rocosas altas o bajas; costas expuestas a tempestades; costas modeladas por los ríos; con tal que las aguas sean ricas en peces, en todas encontramos pájaros en busca de alimento y lugares donde reproducirse. Los acantilados rocosos cobijan miles de aves marinas de diferentes especies, que anidan en pequeñas cavernas o salientes, como en un edificio. Así, a lo largo de las costas del mar del Norte y del Atlántico septentrional, los araos negros están sobre las rocas de la parte baja; los cuervos marinos prefieren las cavidades y agujeros; las gaviotas tridáctilas eligen los rellanos planos; las gaviotas plateadas las zonas cubiertas de tierra y de hierba, etc. Lo más curioso es que los alciones, como el frailecillo de mar, el arao y la urraca marina, tienen las alas y la cola cortas para poder hacer sus nidos en espacios reducidos, y sus huevos tienen forma de pera para no rodar. Pero no sólo las costas rocosas son las más densamente pobladas, sino que hasta la más monótona playa de arena ofrece alimento a muchas zancudas que extraen moluscos y gusanos de debajo de la tierra, cada una utilizando una

Los pájaros
vol. 12 - pág. 42

La diversidad
de los pájaros
vol. 12 - pág. 46

Picos de forma y longitud muy variadas y técnicas de vuelo muy especiales permiten a las

diferentes especies de aves marinas capturar pescado con distintas estrategias.

Los pingüinos y otras aves, como los araos y los petreles, capturan los peces en el agua.

Rabihorcados

Sulas

Aves de las tempestades

Albatros

Procelarios

Pingüinos

Araos

Las aves marinas forman grandes grupos donde miles de individuos viven unos junto a otros desarrollando sus correspondientes actividades.

zona determinada en relación con su forma y la longitud del pico. Hacia el interior, los arbustos sirven de refugio para otras especies. Las aves más comunes en el mar son las gaviotas. En particular, la gaviota común y la gaviota plateada se adaptan muy fácilmente y comen de todo: gusanos, peces, insectos, huevos, desechos. Entre las aves pelágicas, los proceláridos, como los albatros o los arrendajos, que viven en los océanos meridionales alrededor del Polo Sur, son los más adaptados a la vida en mar abierto. El albatros puede volar durante días, incluso con mal tiempo, sin tocar tierra y sin batir las alas, aprovechando los vientos que soplan sobre las olas para tomar altitud, en busca de calamares, peces y cámbaros, que pesca en la superficie. El ave de las tempestades recibe este nombre porque le gusta permanecer en medio de los océanos incluso durante las tempestades más violentas.

Las sulas y los pelícanos pardos capturan las presas zambulléndose desde lo alto.

Los charranes tropicales y las gaviotas capturan peces y calamares en la superficie.

Las estercoráridas, como los rabihorcados, prefieren robar la presa a otras aves marinas.

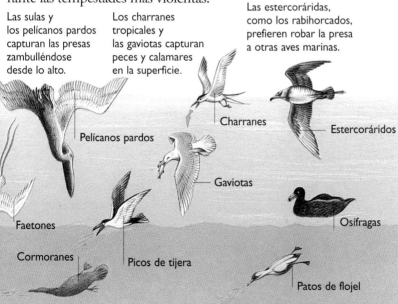

Charranes

Estercoráridos

Pelícanos pardos

Gaviotas

Faetones

Osífragas

Cormoranes

Picos de tijera

Patos de flojel

EL MEDITERRÁNEO

Cuna de las más antiguas civilizaciones, el mar Mediterráneo es quizá el que más se resiente en la actualidad de las actividades humanas. Desde hace milenios las naves lo surcan aprovechando la actividad pesquera o utilizándolo como cuenca receptora de los vertidos de las ciudades que se asoman a él. Todos estos problemas se agravan debido a que el intercambio de agua con el océano, en el estrecho de Gibraltar, es muy reducido y muchas de las sustancias que recibe permanecen durante milenios. De hecho, se necesitarían más de 100 años para hacer que sus aguas se renovasen completamente.

No obstante, y a pesar de lo dicho, en el Mediterráneo las sales nutritivas no abundan porque desde el Atlántico entran sólo las aguas más superficiales y pobres en nutrientes. Su profundidad media es de cerca de 1 430 metros, la máxima no supera los 5 000 y su superficie total es de 2,5 millones de kilómetros cuadrados. Este mar ha sufrido en el curso del

El atún albacora se encuentra entre las especies más pescadas en el Mediterráneo. Es extremadamente voraz, por lo que es posible capturarlo incluso con anzuelos.

El coral rojo (*Corallium rubrum*) debe su color a la presencia de sales de hierro.

Entre las especies características del Mediterráneo, aunque no sólo de este mar, figura la morena (*Muranea helena*), que tiene una carne excelente. Su mordedura es considerada venenosa y, efectivamente, puede producir dolorosas heridas.

último millón de años varios períodos de sequía, en los que se convertía en una inmensa extensión de charcas calientes y muy saladas, sucedidos de períodos de relleno, en los que se presentaba como un verdadero mar templado. Las progresivas transgresiones y regresiones de las aguas a través del estrecho de Gibraltar han tenido profundas repercusiones sobre los organismos que viven en ellas, causando extinciones masivas o recolonizaciones. Todavía hoy se encuentran en el Mediterráneo peces e invertebrados de gran colorido como las doncellas y las anaranjadas madréporas asteroideas, recuerdo de una fauna tropical, o, en los fondos marinos del norte del Adriático, las algas pardas del género *Fucus*, residuos de una fauna adaptada a climas fríos.

Las posidonias son plantas marinas que crecen a baja profundidad a lo largo de las costas mediterráneas. Las hojas laminadas se usan como mullido: el llamado crin vegetal.

La tortuga careta, con unos miembros anteriores enormes, es una excelente nadadora, pero también es vaga y a veces prefiere hacerse transportar por la corriente.

Los ambientes mediterráneos vol. 14 - pág. 54

EL OCÉANO ÁRTICO

Encerrado entre América, Europa y Asia, apenas acariciado por los rayos del Sol y con frecuencia envuelto en una capa de nubes, se encuentra el menor de los océanos, el Ártico. A diferencia de su equivalente al otro extremo del planeta, el Ártico carece de tierras emergidas y se encuentra perennemente cubierto por un casquete de hielo flotante, la banquisa o banco de hielo, que varía de dimensión según las estaciones. El hielo superficial sirve para aislar de la fría temperatura del aire a las aguas situadas por debajo, y así se mantienen en estado líquido y permiten la supervivencia de los organismos marinos. El clima, de todas formas, es mucho menos duro que el del Antártico, debido a la influencia de la corriente del Golfo. Uno de los fenómenos más interesantes que caracterizan la fauna de los mares fríos es el gigantismo. De hecho, los fondos

El oso polar es un hábil nadador y busca sus presas tanto en el agua como sobre el hielo.

Los icebergs, montañas de hielo a la deriva, son empujados por el viento y por las corrientes incluso hasta el paralelo 40°.
La parte visible es sólo la punta de una masa ocho veces más grande.

La orca, con el cuerpo blanco y negro y dotada de unos dientes cónicos y robustos, es un feroz carnívoro depredador.

árticos están poblados por estrellas y anémonas de mar que alcanzan fácilmente un metro de diámetro. Tampoco resulta difícil encontrar en estas aguas auténticos pulpos de más de 60 kilos de peso. Las «tallas especiales» de los organismos que pueblan las profundidades son posibles debido al hecho de que con las bajas temperaturas los procesos vitales se ralentizan. Así que también se ralentiza el crecimiento y se alcanza la madurez sexual más tarde. Mientras que en invierno el paisaje ártico se caracteriza por una monótona y extensa capa de hielo de 3-5 metros de espesor, durante el verano la banquisa se fragmenta y las mil lagunas costeras se pueblan de colonias de focas, orcas y ballenas grises que pasan aquí la estación del calor. En este período, el fitoplancton de estas turbias aguas ricas en nutrientes se multiplica vertiginosamente, poniendo en marcha una cadena alimentaria muy productiva que hace de las frías aguas del Ártico una de las zonas más pesqueras de la Tierra.

Ártida
vol. 14 - pag. 82

La leyenda del unicornio se remonta al hallazgo de un diente de narval: los machos de esta especie poseen un cuerno que deriva del crecimiento anormal de uno de los dos incisivos superiores y que utilizan en las luchas por la conquista de la hembra.

La foca vitulina, o foca común, es cazada por su piel, carne y grasa. Las pieles son muy deseadas, por lo que las leyes que limitan su caza se han vuelto indispensables.

EL OCÉANO ANTÁRTICO

El continente desconocido
pág. 8

Los fondos marinos
pág. 14

El ecosistema marino
pág. 28

Aunque resulte imposible establecer cuáles son los límites geográficos del océano Antártico, que se comunica directamente con el Atlántico, el Índico y el Pacífico, el rasgo distintivo de este océano es su aislamiento. Una corriente muy particular, la Convergencia Antártica, recorre con sus aguas una circunferencia casi perfecta alrededor del Antártico y representa una clara barrera para multitud de organismos marinos, que son exclusivos de estas aguas y a quienes se debe la notable riqueza de este mar.

Durante el breve verano antártico, cuando la luz solar consigue penetrar con profundidad, el fitoplancton se multiplica gracias a los nutrientes llevados hasta la superficie por las corrientes. Es entonces cuando el kril emerge desde las aguas más profundas para «pastar» en estas ricas praderas. Se trata de gambas de pocos centímetros de largo, que en ciertas condiciones pueden proliferar hasta transformar las aguas superficiales en una espesa «sopa» animal, con una consistencia casi pastosa. Una vez, un barco oceanográfico ruso tropezó con un banco de kril con una masa que se estimó en aproximadamente 100 millones de toneladas: más de todo lo que pesca anualmente la humanidad en los océanos del mundo. Así que es lógico que las ballenas no tarden en aparecer para aprovechar este espléndido banquete.

Los bancos de kril constituyen también el alimento de los calamares, que a su vez son depredados por los cachalotes. También se nutren de calamares las diferentes especies de pingüinos, típicos habitantes de estos mares, que entran a formar parte de la cadena alimentaria y constituyen el alimento de pinnípedos y cetáceos. Muchas especies antárticas son capaces de resistir el frío gracias a adaptaciones particulares. Algunos peces tienen proteínas «anticongelantes» en los tejidos y los organismos que viven en la zona de marea pueden resistir temperaturas que llegan a -20 °C.

El albatros (*Diomedea exulans*) habita en las partes australes de los océanos.
Es un gran volador, pero sobre todo diurno: de noche desciende sobre el agua, donde flota.

En la Antártida las costas están libres de hielos durante pocos meses al año.

Las aguas antárticas están densamente pobladas por el kril, una miríada de gambas diminutas, los eufasiáceos, que representan el alimento de las ballenas y de muchas otras especies como peces y calamares, que a su vez son alimento de algunos depredadores.

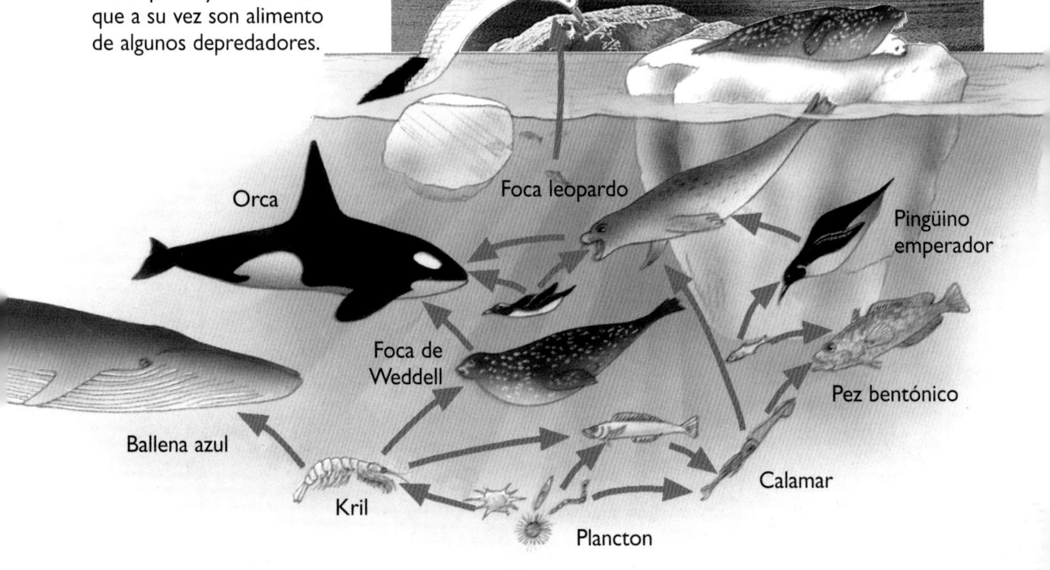

Orca

Foca leopardo

Pingüino emperador

Foca de Weddell

Pez bentónico

Ballena azul

Calamar

Kril

Plancton

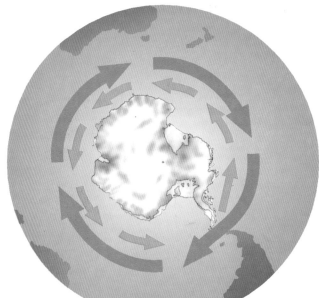

Los adultos de *Euphasia superba*, la especie más común del kril, desovan cerca de las costas. Las larvas se desarrollan en aguas profundas y, una vez adultas, son de nuevo arrastradas hacia la costa por la Convergencia Antártica. De este modo, todo el ciclo vital tiene lugar en las aguas antárticas y a ellas se limita su difusión.

La Convergencia Antártica es un sistema de dos corrientes circulares que fluyen en direcciones contrarias. Este sistema de corrientes mantiene a las aguas superficiales de la Antártida aisladas del resto de los océanos.

La Antártida
vol. 14 - pág. 86

Los pingüinos son aves exclusivas de la Antártida y tienen adaptaciones particulares que les permiten resistir el frío. El pingüino emperador empolla los huevos sobre sus patas para evitar que se congelen.

Los cetáceos misticétidos son unos de los mayores consumidores de kril, que filtran con sus barbas. La ballena azul (*Balaenoptera musculus*) frecuenta las aguas antárticas en el período estival, mientras que en invierno emigra para reproducirse en aguas más templadas.

EL OCÉANO ÍNDICO

Situado entre África, Asia y Australia, el océano Índico es el menos conocido de los tres grandes océanos y el más cálido del planeta. A excepción de las desembocaduras de los grandes ríos, colonizados por los manglares, sus aguas son transparentes y, junto al clima tropical, favorecen el asentamiento de los arrecifes de coral y la formación de los atolones que constelan este mar. Son estas formaciones las que representan el punto principal de la vida de un océano que de otro modo sería pobre en sales nutritivas y en el que viven animales y vegetales muy parecidos a los del Pacífico tropical. Gracias a la estrecha colaboración entre minúsculas algas unicelulares y colonias de corales constructores, también en aguas tan pobres es posible una increíble riqueza de vida. Aquí las especies de madréporas son tantas que es posible encontrar las formas más variadas: en forma de cerebro, de asta de alce, de hoja o de nido de abeja. Otros celentéreos, en cambio, no poseen un esqueleto calcáreo sino que tienen cuerpos blandos y forman enormes colonias arborescentes. Peces, moluscos, crustáceos y equinodermos tienen increíbles coloraciones que van desde las bandas horizontales y verticales hasta regulares punteados de los más variados colores. Peces ballesta, peces cirujanos,

El pez león, habitante de las barreras indopacíficas, posee un aguijón en la aleta dorsal con un terrible veneno.

La tortuga tropical (*Chelonia midas*) pone los huevos en las playas coralinas, originadas por la erosión de las barreras.

peces cofre, peces globo, peces payaso y peces loro son sólo algunos de los increíbles habitantes de estos paraísos marinos. Una vida tan rica permite la existencia de un gran número de depredadores. La tintorera habita las aguas próximas a la costa, mientras las aguas en mar abierto son el reino de las especies más temibles, como el tiburón tigre y el tiburón blanco. Los fondos de más allá de las barreras son frecuentados por los tiburones martillo, que se mueven cerca del fondo en busca de cualquier presa escondida en la arena.

Los manglares caracterizan otro tipo de playas del océano Índico.

En estas aguas también viven la serpiente de mar (*Laticauda*) y el tiburón ballena (*Rhincodon typus*), que se nutre exclusivamente de plancton.

LOS MANGLARES

El agua marina
pág. 18

Un bosque de árboles nudosos y llenos de tentáculos que emergen del mar, con las raíces hundidas en un fango negro y fétido: así se presenta la formación de los manglares, durante un tiempo uno de los hábitats más difundidos a lo largo de las costas tropicales, sobre todo en las cercanías de los grandes ríos y en las zonas más resguardadas de olas y corrientes. Aquí tierra y mar se confunden hasta tal punto que resulta imposible definir un límite entre una y otro. El término «manglar» no indica una única especie de planta, sino cuatro géneros bien distintos, que con estrategias similares, pero con diferente grado de tolerancia, viven en un hábitat de salinidad variable, con poco oxígeno en el fango del fondo y con grandes oscilaciones de marea.

Los manglares han conseguido superar todas estas dificultades gracias a una serie de adaptaciones únicas en el reino vegetal. De hecho, pueden expulsar las sales en exceso por medio de glándulas especiales, o concentrándolo en las hojas que están a punto de caer. Las raíces hacen frente a la carencia de oxígeno desarrollando órganos aéreos que pueden absorber el oxígeno directamente del aire. Por desgracia, la extrema especialización de los manglares los vuelve muy sensibles a las modificaciones ambientales. Contaminación, alteración del régimen de los ríos y construcción de puertos y ciudades a lo largo de la costa han reducido enormemente su presencia.

Cómo está hecha
una planta
vol. 10 - pág. 20

Los manglares, uno de los hábitats más productivos de la Tierra, han colonizado más de 20 millones de hectáreas de terreno a lo largo de las costas tropicales.

Las raíces de los manglares constituyen un hábitat tan particular que diferentes especies animales se han adaptado a ellas y no podrían vivir en ningún otro sitio.

Las semillas de los manglares germinan sobre la planta madre creciendo a su costa durante un determinado período. Cuando caen al agua se fijan en el fango, donde se transformarán en una nueva planta. Transportadas hasta el mar por las corrientes, pueden resistir hasta 12 meses en espera de encontrar las condiciones ideales para crecer.

Numerosas especies de aves zancudas, como las garzas, espátulas y garcetas, y muchas especies de peces e invertebrados tropicales encuentran refugio en la maraña de ramas y raíces de los manglares.

EL OCÉANO PACÍFICO

Cuando el navegante portugués Magallanes consiguió en 1520 superar las tempestuosas aguas del estrecho que separa la Antártida de la Tierra del Fuego, y que hoy lleva su nombre, decidió llamar a la inmensa y tranquila masa de agua que tenía delante «mar Pacífico». En realidad no fue el descubridor de este océano, puesto que ya había sido surcado siete años antes por el español Vasco Núñez. El Pacífico es el océano más grande de todos y cubre más de un tercio de la superficie de nuestro planeta, aproximadamente 180 millones de kilómetros cuadrados, es decir, mucho más que el conjunto de todas las tierras emergidas. Sus fondos, que alcanzan las mayores profundidades conocidas, contienen más de la mitad de las aguas oceánicas.

A diferencia de los océanos Atlántico e Índico, en el Pacífico las dorsales oceánicas no corren a lo largo de la parte central, sino de sus márgenes. Por este motivo, tanto la costa

Auténticos bosques de algas submarinas caracterizan las costas del Pacífico templado-frío. Estas algas, que pueden tener 20-30 metros de largo, viven fuertemente ancladas al fondo, hasta 40-60 metros de profundidad.

Las ballenas jorobadas (*Eschrichtius Gibbosus*) pasan algunos períodos mar adentro y van a reproducirse en las lagunas.

occidental, donde se localiza Japón, como la oriental, donde se encuentra California, son zonas de elevada actividad sísmica. Gracias a la transparencia de sus aguas, poco afectadas por los vertidos continentales, y a la abundancia de sales nutritivas, el Pacífico tiene una densidad fitoplanctónica y una productividad elevadas. Además, los vientos y las corrientes facilitan la dispersión de esta riqueza. Las regiones frías, donde las aguas profundas ascienden a la superficie, se caracterizan, aunque sólo sea estacionalmente, por el mayor desarrollo de fito y zooplancton. Es aquí donde anchoas, arenques, sardinas y salmones se concentran y son pescados en masa. Y también aquí es donde los grandes mamíferos marinos como las ballenas, las focas y los leones marinos se alimentan. Pero, por desgracia, en esta zona la pesca artesanal de un tiempo ha sido sustituida en la actualidad por la pesca industrial, que ha llevado a una sensible reducción de los recursos.

El *Nautilus* es el único cefalópodo que pasa toda su vida dentro de una concha. Esta se divide en una serie de cámaras que, según se llenen o vacíen de un gas, permiten al animal variar a su elección la profundidad de inmersión.

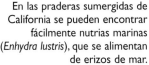

En las praderas sumergidas de California se pueden encontrar fácilmente nutrias marinas (*Enhydra lustris*), que se alimentan de erizos de mar.

LAS BARRERAS CORALINAS

En los mares tropicales la vida parece concentrarse en las barreras coralinas, extraordinarios ecosistemas de gran complejidad que junto a los bosques tropicales pluviales constituyen los más ricos en especies del planeta. En una sola barrera se pueden encontrar hasta 3 000 especies diferentes de animales, cada una ligada a las demás según modalidades que la ciencia comprende de momento sólo en parte. La gran diversidad biológica de este hábitat es posible gracias a una alianza entre vegetales y animales que compensa la escasez de sales nutritivas propia de los mares cálidos. Microscópicas algas unicelulares, las zooxantelas, viven de hecho dentro de corales madreporarios, de los que extraen el nitrógeno necesario para su crecimiento. Los corales, a su vez, utilizan los azúcares acumulados en las algas para desarrollarse, agilizando la deposición del carbono de calcio y la edificación de las barreras, a lo que contribuyen muchos otros animales, como, por ejemplo, las gorgonias. La barrera está poblada por cangrejos, gambas y gusanos, que viven como comensales, protegidos por los tentáculos venenosos de las

Las madréporas
vol. 11 - pág. 26

La biodiversidad
vol. 14 - pág. 22

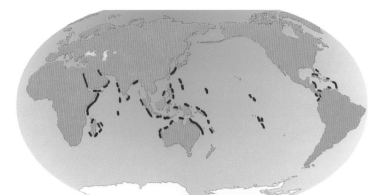

Mapa con la distribución de las barreras coralinas en el mundo. La presencia de estas formaciones está condicionada por la temperatura, la salinidad y la transparencia de las aguas.

Uno de los organismos más traidores y peligrosos para el ser humano es el pez piedra (a la derecha), que se esconde bajo la arena y posee en los radios de las espinas un veneno equiparable al de la cobra.

actinias y las madréporas. Numerosas especies de peces de barrera son carnívoros y se nutren de invertebrados. Entre estos es bien conocido el pez globo, que consigue triturar la cáscara de los moluscos de los que se alimenta. Algunos pomacéntridos comen casi exclusivamente esponjas, mientras los quetodónticos o peces mariposa tienen bocas sobresalientes dotadas de dientes diminutos adaptados para agarrar pólipos. Otros, como los peces loro, tienen un único gran pico con el que rompen la parte calcárea de las madréporas para nutrirse de las algas filamentosas que contienen. Todas estas especies de «trituradores» son los principales productores del blanquísimo sedimento típico de estos hábitats. La salud de estos paraísos naturales depende de equilibrios infinitamente complejos y delicados, en los que cada componente tiene que jugar su papel preciso para mantenerlos.

En este hábitat encontramos numerosos ejemplos de colaboración. A veces, a cambio de la hospitalidad, crustáceos y pequeños peces ofrecen sus servicios limpiando de parásitos a sus benefactores. Es el caso de este pez (en la página anterior) que se confunde con el color de su anfitrión, un coral alcionario.

La diversidad y la riqueza del mosaico biológico constituido por la barrera coralina es motivo de gran interés para quienes se sumergen en estos ambientes.

Es como entrar en otro mundo: una rutilante explosión de formas y colores, de rumores y emociones.

El tiburón blanco (*Carcharodon carcharias*) es peligroso incluso para el ser humano y puede alcanzar los 10 metros de largo.

Barracuda

Gorgonias

Aun siendo obra de organismos vivos, la barrera coralina tiene unas dimensiones enormes: grandes cadenas de arrecifes coralinos que pueden formar islas y lagunas.

Colonia de madreporarios

Las esponjas se nutren filtrando del agua el plancton y minúsculas partículas orgánicas. Los peces limpiadores del género Labroideos han establecido una simbiosis con algunos grandes peces que les dejan entrar en sus bocas y entre sus branquias para que puedan nutrirse de sus parásitos.

Los lirios de mar se nutren aferrando con pequeños tentáculos los organismos del plancton.

El pez escorpión puede infligir dolorosas heridas.

Pez payaso

Uno de los más feroces agresores de las barreras coralinas es la corona de espinas (a la izquierda), una estrella de mar que se alimenta de pólipos y que, si su presencia es muy numerosa, puede producir serios daños a la barrera.

LOS ATOLONES

Existen casi 10 000 atolones dispersos por el océano Pacífico. Estas particulares barreras de coral en forma de anillo son todo lo que queda de antiguas islas volcánicas. Algunos no miden más de un centenar de metros, pero también los hay muy grandes. El atolón más grande del mundo, el de Kwajalein, en el archipiélago de las Marshall, mide 170 kilómetros de largo y 40 de ancho. En un atolón, las nuevas colonias de corales crecen sobre las anteriores, cuyos esqueletos forman la blanca roca coralina sumergida: el espesor de la roca coralina puede llegar a alcanzar incluso 1 500 metros. Los bajos islotes de un atolón encierran una zona central de aguas tranquilas, la laguna. A través de las interrupciones entre una y otra isla, el agua marina puede penetrar en la laguna, que es posible que contenga otros arrecifes más pequeños. Puesto que las aguas de la laguna se encuentran más protegidas del movimiento de las olas que las oceánicas que la rodean, las plantas y los animales se distribuyen desde el exterior hasta el interior del atolón según un orden característico. En el exterior, por el mismo motivo, en la zona más superficial a partir de los 15 metros, el arrecife a sotavento es mucho más rico en vida. Aquí es posible encontrar numerosas especies de

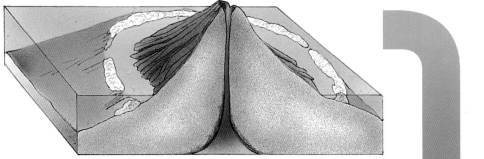

Un atolón se forma por el crecimiento continuo de un arrecife coralino en torno al cono de un volcán que se hunde lentamente en los abismos.

El volcán tiende a hundirse a causa de fenómenos tectónicos y las madréporas compensan este descenso creciendo hacia lo alto.

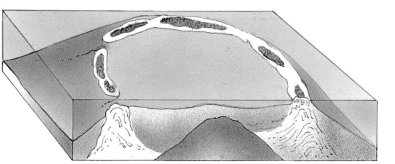

Vista aérea (página anterior) de un anillo de islas que circunda una laguna en las Maldivas: es el atolón de South Male.

Con el transcurso del tiempo el volcán desaparece y queda el cinturón de corales.

madréporas sólidamente ramificadas. En cambio, el lado más expuesto al movimiento de las olas está colonizado sobre todo por algas rojas calcáreas, que tienen una mayor capacidad para resistir en los rompientes. Estas algas son fundamentales para cimentar las madréporas y consolidar así la barrera.

LAS FUENTES TERMALES SUBMARINAS

Los fondos marinos
pág. 14

Las bacterias
vol. 9 - pág. 34

La máquina Tierra
vol. 7 - pág. 30

¿Puede haber vida en un mundo completamente privado de luz? Estamos acostumbrados a pensar que sin la luz del sol los vegetales no podrían sobrevivir, y que sin ellos tampoco podrían existir los animales. Y, sin embargo, en las profundidades de los oscuros y fríos abismos marinos existen condiciones muy particulares que permiten el desarrollo de la vida. Las fuentes hidrotermales abisales se encuentran a lo largo de las dorsales oceánicas y fueron descubiertas por primera vez en el océano Pacífico, a 2 500 metros de profundidad, al nordeste de las islas Galápagos. En la monotonía de los fondos oceánicos, donde la vida es completamente extraña debido a la escasez de alimento y donde los pocos animales presentes han sido definidos como «devoradores», precisamente porque se abalanzan sobre cualquier cosa comestible, las fuentes hidrotermales representan auténticas islas de vida.

Aquí, las bocas del fondo oceánico emanan vapor acuático, azufre y otros minerales que se depositan lentamente formando largas chimeneas de hasta 10 metros. Algunas especies de bacterias utilizan el azufre para sintetizar la sustancia orgánica, del mismo modo que lo hacen los vegetales con la luz solar. De este modo, gracias a un proceso llamado quimiosíntesis, en vez de fotosíntesis, el desierto abisal se puebla de una increíble variedad de vida. Los pogonóforos, gusanos tubícolas que alcanzan tres metros de largo, se reúnen en colonias de centenares de individuos. Mejillones y ostras abisales de 30 centímetros de largo forman cúmulos que cubren por completo el fondo rocoso. También entre estas colonias de invertebrados viven depredadores, como peces, cangrejos y langostas abisales, aunque muy particulares, ya que al carecer de bulbos oculares son completamente ciegos.

Como en una fuente terrestre, las chimeneas hidrotermales abisales emanan agua hirviendo rica en azufre y otros minerales.

La cadena alimentaria es muy simple y formada por pocas especies. Con la quimiosíntesis, las bacterias extraen energía de la división de las moléculas de azufre para producir sustancia orgánica. Estas bacterias son el alimento de los gusanos pogonóforos, el segundo anillo de la cadena alimentaria, que, a su vez, sirven de comida a las pocas especies de cangrejos y peces.

Los pogonóforos del género *Riftia* viven permanentemente dentro de tubos. Se alimentan de las sustancias producidas por bacterias quimiosintéticas que albergan dentro de sus tejidos corporales.

Al igual que los pogonóforos, los bivalvos gigantes que viven cerca de las fuentes también albergan en sus propios tejidos bacterias quimiosintéticas de las que extraen el alimento.

Los poliquetos del género *Alvinela* son otras colonias de gusanos marinos.

Las fuentes termales están conectadas entre ellas por debajo de la corteza terrestre, ya que representan la parte final de un canal de ascenso de magma.

LAS ISLAS

No todas las islas tienen el mismo origen y, por consiguiente, presentan poblaciones muy diferentes. Las islas Británicas, Madagascar y Japón, por ejemplo, son fragmentos de tierras que se han separado de los continentes vecinos, así que están pobladas por animales y plantas similares a los de las tierras de origen. Por el contrario, islas como Islandia, las Azores o Hawai, son islas oceánicas porque derivan de una elevación reciente de las cadenas volcánicas submarinas y no han estado nunca en contacto con otras tierras emergidas. Los animales pueden llegar hasta las islas activamente, es decir, nadando o volando; o en transporte pasivo, empujados por el viento, por las corrientes o transportados por otros animales o incluso por el ser humano. A veces troncos flotantes u otros detritos sirven como botes salvavidas y permiten a animales terrestres alejarse de la tierra firme y alcanzar nuevos hábitats. De este modo, muchas islas se han llenado de especies que, gracias al aislamiento y con el pasar de los siglos, han evolucionado por su cuenta diferenciándose. La fauna que vive en una isla varía continuamente, porque llegan nuevas especies procedentes de las tierras vecinas, mientras que otras desaparecen después de haber vivido sobre la isla durante algún período.

Las comunidades biológicas pueden ser muy diferentes de una isla a otra, aunque se encuentren en la misma latitud. Pero, de hecho, no todas las islas son igual de hospitalarias. Algunas, por ejemplo, distan miles de kilómetros de tierra firme y es más difícil llegar hasta ellas. Otras pueden albergar un número mayor de especies, porque son grandes o porque cuentan con diferentes ambientes naturales. Por otra parte, si una isla está situada con el eje mayor paralelo a la costa, es más probable que los animales y las plantas puedan llegar hasta ella por casualidad.

Cómo nace una isla
vol. 7 - pág. 80

Las palmeras han podido colonizar muchas islas oceánicas gracias a adaptaciones particulares: los frutos del coco cruzan el océano Índico transportados por las corrientes y las semillas permanecen vitales durante dos años, listas para germinar en tierra firme.

Oceanía presenta una fauna muy peculiar que ha evolucionado a lo largo de milenios gracias a que está aislada del resto de los continentes. En tales condiciones y debido a la ausencia de depredadores, los pájaros pueden perder con el tiempo la aptitud para el vuelo. Es el caso del kivi de Nueva Zelanda (*Apteryx mantelli*), un ave a la que se le han atrofiado las alas.

Un ejemplo clásico de las peculiaridades de la fauna insular: el dodo (*Raphus cucullatus*), un pájaro incapaz de volar que se extinguió el siglo pasado en la isla Mauricio debido a la despiadada caza llevada a cabo por ser humano.

Surgidas desde el fondo del mar, como los volcanes emergidos hace 4 millones de años, las islas Galápagos están habitadas por una fauna que ha ido llegando con el tiempo, superando los más de mil kilómetros de distancia a tierra firme. La ausencia de mamíferos depredadores ha hecho de sus habitantes animales muy vulnerables.

Pinta

Marchena

La ausencia de depredadores ha hecho que el cormorán áptero pierda la capacidad para volar. Generación tras generación, sus alas se han transformado en pequeños muñones.

La gaviota de la lava captura peces volando a ras del agua y está en grave peligro de extinción: sólo sobreviven pocos centenares.

Isabela

Fernandina

San Salvador

El pingüino de las Galápapos vive en estas latitudes tropicales gracias a la corrientes de Humboldt procedente de la Antártida. Mide 50 centímetros de alto y es el más pequeño del mundo.

Santa Cruz

El cernícalo de las Galápagos captura pequeñas crías de iguanas y pájaros. Se deja tocar sin temor por los seres humanos y por eso se ha extinguido ya en algunas islas.

Santa María

Genovesa

El pinzón usa la espina
de un cactus para cazar
las larvas de insectos
con las que se nutre.
Es un caso atípico: muy
pocos pájaros en el mundo
usan instrumentos.

El artocéfalo de Sudamérica
es un león marino del que
quedan sólo algunos grupos
en la isla de Santiago. Ha sido
un animal muy cazado
para el comercio de su piel.

De las 14 subespecies
de tortugas gigantes de
las Galápagos, tres se han
extinguido recientemente.
Debido a su capacidad
para ayunar durante
meses, los marineros
las capturaban para tener
siempre carne fresca
a bordo.

Santa Fe

San Cristóbal

Cómo nace una
especie
vol. 9 - pág. 72

La iguana marina es un enorme lagarto
de metro y medio. Permanece durante
mucho tiempo al sol después de haberse
zambullido para alimentarse de algas.

La radiación
adaptativa
vol. 9 - pág. 74

Española

LAS MIGRACIONES OCEÁNICAS

Gran parte de los animales que viven en los océanos no pasa siempre la vida en la misma zona, sino que se traslada siguiendo rutas precisas, es decir, cumple migraciones. Migrar significa partir en masa, junto a otros individuos de la misma especie, para llegar a un nuevo lugar con características ecológicas diferentes.

La aptitud para migrar es instintiva y está coordinada por varios factores como la duración del día o la alternancia entre luz y oscuridad. Desplazarse puede ser necesario para encontrar áreas ricas en alimento, que con frecuencia son diferentes de las que más se adaptan a la reproducción. Así, para muchos invertebrados que forman parte del plancton, migrar significa recorrer cada noche centenares de metros para llegar hasta la zona donde se encuentran las algas microscópicas de las que se nutren. Una vez que han comido, estos animales se dejan caer lentamente a profundidades mayores. Si un organismo microscópico puede llegar a recorrer diariamente

Las migraciones
vol. 13 - pág. 66

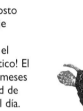

Los peces
vol. 12 - pág. 18

Las tortugas marinas pasan su vida en el mar y se acercan a tierra firme sólo para poner los huevos, cumpliendo migraciones de grandes distancias.

La golondrina de mar es un animal marino que se alimenta de peces y crustáceos. En verano se desplaza hasta las costas del Círculo Polar Ártico para nidificar, reuniéndose en colonias compuestas por hasta 15 000 individuos. En agosto emprende un viaje increíble: ¡17 500 kilómetros hasta el Círculo Polar Ártico! El viaje dura varios meses con una velocidad de 160 kilómetros al día.

Los quelonios
vol. 12 - pág. 32

una distancia de 300-400 metros, las ballenas son capaces de recorrer cada año miles de kilómetros. Ballenas y ballenópteras se desplazan cada año desde las zonas árticas, frías pero ricas en nutrientes, hasta las aguas tropicales, idóneas para dar a luz a las crías. También los cachalotes forman con frecuencia grupos que emigran en función del sexo y de la edad. Las hembras y los jóvenes permanecen en las aguas tropicales en invierno y en las templadas en verano. Sólo los machos más grandes se desplazan hasta las frías aguas polares.

Muchas especies de peces son grandes viajeros. Algunas, como los salmones, regresan desde el mar hasta los ríos, superando obstáculos, corrientes y cascadas. Otras, como las anguilas, las lubinas y las doradas, crecen en las aguas salobres de las lagunas y después regresan al mar para reproducirse. Además, existen peces, como los atunes, arenques y bacalaos, que emprenden largas migraciones exclusivamente marítimas desde las áreas de alimentación hasta las de reproducción.

Las ballenas
vol. 12 - pág. 72

LA PESCA

El ecosistema marino
pág. 28

A pesar de que los océanos representan más de un tercio de la superficie terrestre de nuestro planeta, sus recursos alimenticios equivalen aproximadamente a poco más del 2 % del total recolectado en tierra firme. Estos dos simples datos podrían hacernos pensar que el ser humano aprovecha muy poco el hábitat marino. Pero no es así. Las casi 100 000 toneladas de peces, crustáceos y moluscos recogidos o capturados anualmente son, de hecho, todo lo que los océanos pueden dar. Cuando su explotación resulta excesiva, o cuando afecta a ejemplares jóvenes, la población ya no consigue compensar esta reducción y el número disminuye progresivamente. Cuando esto sucede, el esfuerzo pesquero se intensifica, porque los peces son más difíciles de encontrar. De este modo sólo se consigue agravar el problema. Cada vez son menos los peces en las redes de todo el mundo, más pequeños, y menos valiosos, señal de que el ritmo de pesca es muy superior al de la repoblación: hay demasiados pescadores y no hay suficientes peces. En el transcurso de este siglo, numerosas áreas pesqueras, sobre todo en el Atlántico y en el mar del Norte, han sido explotadas hasta tal punto que las especies pescadas prácticamente se han extinguido. Cuando en 1497 el navegante Giovanni Caboto descubrió los grandes bancos del mar de

Las zonas de
afloramiento
pág. 32

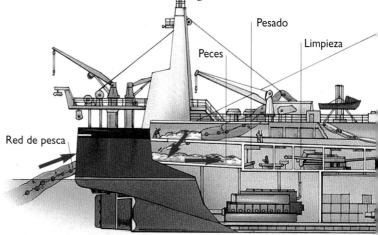

Pesado

Limpieza

Peces

Red de pesca

En tierra firme las plantas representan el 94 % del producto y los herbívoros el 6 % restante. La mayor parte de los peces marinos son depredadores, así que en el mar el 80 % de la producción procede de carnívoros. Actualmente el ser humano pesca alrededor de 77 millones de toneladas anuales de producción marina, que, sin embargo, no se explota adecuadamente: de hecho, el 30 % del pescado se transforma en harina y pienso para animales.

Terranova, los encontró «tan rebosantes de peces que pueden cogerse no sólo con la red, sino incluso con cestas caladas en el agua con una piedra». En los años sesenta los grandes bancos suministraban todavía un millón de toneladas de bacalao anuales. Hace algunos años, la población de bacalao disminuyó hasta casi desaparecer y, a partir de 1993, los grandes bancos se cerraron a la pesca. Además, la actividad pesquera tiene un lado oscuro que frecuentemente olvidamos: el de los animales no deseados que acaban en las redes. Una hecatombe de peces, crustáceos, moluscos, y cientos de miles de escualos, delfines y tortugas que son devueltos al mar, muertos.

Un pesquero moderno es capaz de realizar a bordo toda la elaboración del pescado, hasta su congelación, preservando las características organolépticas y la frescura.

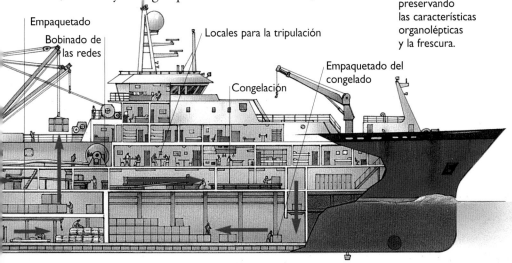

Empaquetado

Bobinado de las redes

Locales para la tripulación

Congelación

Empaquetado del congelado

Desde la Segunda Guerra Mundial, la pesca está regulada por límites reconocidos (en el mapa, en gris o en colores más intensos) para que las naciones más ricas y con sistemas de alta tecnología no pesquen en las aguas de las más pobres.

Las centrales hidroeléctricas, la deforestación y la contaminación han empobrecido los cursos de agua usados por los salmones. Los del Pacífico norte son los más poblados.

Salmón europeo

Escorpina

Con la disminución de las especies más populares o accesibles, los pescadores acuden a especies alternativas como, por ejemplo, la escorpina.

Verrugato

Bonito

Escorpina

Caballa

Anchoa

El pescado se consume fresco o congelado (35 %). También se conserva en salado, desecado o ahumado (aproximadamente 16 %), o en latas (16 %). Por último, una parte notable (33 %) se destina a harinas de pescado y otros derivados, que se usan sobre todo como pienso animal.

Sardina

Anchoa de Sudamérica

Arenque

Si bien son manjares en muchos países, estos pequeños peces se usan sobre todo como pienso y fertilizantes. La población de anchoas, pescadas en gran cantidad en las aguas del Pacífico sudamericano, varía mucho con el Niño.

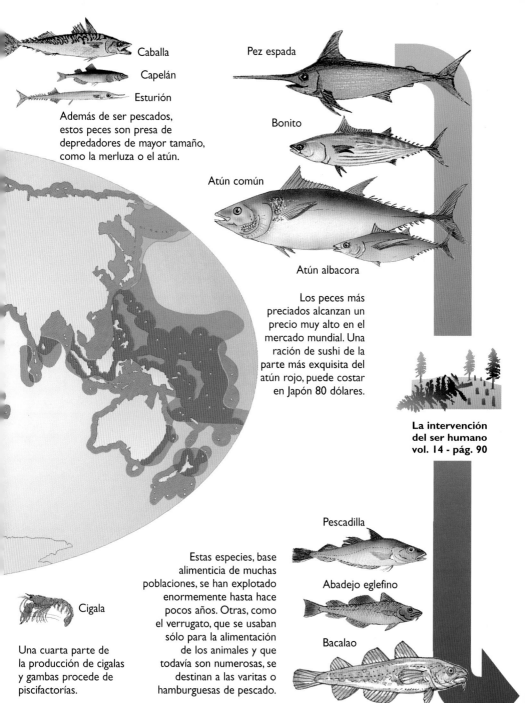

Caballa

Capelán

Esturión

Además de ser pescados, estos peces son presa de depredadores de mayor tamaño, como la merluza o el atún.

Pez espada

Bonito

Atún común

Atún albacora

Los peces más preciados alcanzan un precio muy alto en el mercado mundial. Una ración de sushi de la parte más exquisita del atún rojo, puede costar en Japón 80 dólares.

La intervención del ser humano vol. 14 - pág. 90

Pescadilla

Abadejo eglefino

Bacalao

Cigala

Una cuarta parte de la producción de cigalas y gambas procede de piscifactorías.

Estas especies, base alimenticia de muchas poblaciones, se han explotado enormemente hasta hace pocos años. Otras, como el verrugato, que se usaban sólo para la alimentación de los animales y que todavía son numerosas, se destinan a las varitas o hamburguesas de pescado.

LA CAZA DE BALLENAS

Cuando en 1300, los vascos se aventuraron en las frías aguas del mar del Norte para pescar, se inició la caza de las ballenas. En los siglos sucesivos, otros europeos, como los holandeses y los ingleses, se dedicaron a esta peligrosa pero rentable pesca. Prueba de ello es que entre 1672 y 1722, los holandeses botaron más de 5 886 barcos de caza y capturaron 39 907 cetáceos.

En aquellos tiempos la caza era una empresa peligrosa y muy dura, además de incierta. El objeto de la caza lo constituía fundamentalmente la ballena de Groenlandia, la ballena franca y el cachalote. Los barcos rastreaban la zona elegida hasta que, al grito del vigía: «¡por allí resopla!», se arriaban chalupas especiales con bogadores y arponeros. Puesto que el arpón se lanzaba a pocos metros del animal, la barca corría el riesgo de ser golpeada por la cola del animal herido, o de ser arrastrada en una loca carrera sobre

Las ballenas vol. 12 - pág. 72

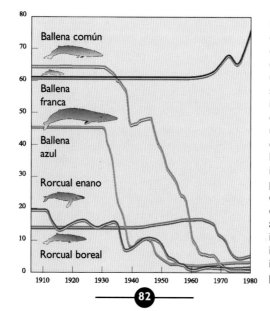

El declive de los grandes cetáceos, primero en el Ártico y después en el Antártico, es un ejemplo de lo que sucede cuando se pesca indiscriminadamente: como consecuencia de una brusca disminución de las capturas en los años treinta, se incrementó el esfuerzo por pescar otras especies. En algunos casos se ha llegado a poder capturar sólo individuos sexualmente inmaduros produciendo irreparables daños en la población.

las olas para acabar hundiéndose. Sólo después de haber extenuado al animal, las barcas se aproximaban y los pescadores remataban la presa con finos arpones o disparos de fusil detrás de las aletas pectorales. Así herían los pulmones de la ballena que, expulsando sangre por la boca, iniciaba una terrible agonía. En 1876, la invención del arpón explosivo lanzado con un pequeño cañón puso fin a la época de los pioneros. Comenzó entonces la época de la caza industrial, con la captura de hasta 33 000 ballenas al año.

La progresiva disminución de muchas especies a causa de la excesiva actividad de la caza, llevó a la Comisión Ballenera Internacional a programar un control sobre la cantidad de animales cazados. Sin embargo, algunos estados, como Islandia, Corea del Sur, Japón y Noruega, no se han adherido a la iniciativa y continúan hoy en día cazando con enormes buques factoría, dentro de los que llevan a cabo toda la elaboración del animal hasta el producto final.

La intervención del ser humano
vol. 14 - pág. 90

LA ACUICULTURA

Como sucedió hace 10 000 años, cuando la agricultura y la ganadería ocuparon el puesto de la caza y la recolección de productos de la naturaleza, hoy la cría de animales marinos está empezando a suplantar a la pesca. Mientras en los mares los peces, moluscos y crustáceos son difíciles de encontrar, y a veces acaban siendo pasto de sus respectivos depredadores, en la acuicultura los animales se crían en lugares especiales, donde se les alimenta con determinados piensos y se mejora su producción.

Exactamente igual que en un invernadero, una cuadra o un gallinero, en este caso también es fundamental el control del ambiente artificial en el que tienen que crecer los animales, y poder así reducir las pérdidas causadas por los depredadores o por los parásitos, o por la competición de las diferentes especies. También es importante llevar a cabo una selección de los géneros, para obtener variedades con un crecimiento más rápido o más resistentes a las enfermedades.

Una de las técnicas más simples de la acuicultura, que se remonta a los orígenes de esta actividad, es la de aprovechar las costumbres de ciertas especies de frecuentar durante un período de su vida las áreas internas de zonas

**La pesca
pág. 78**

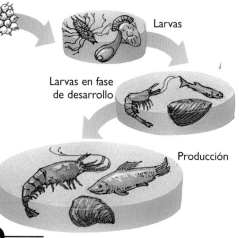

Huevas

Larvas

Larvas en fase
de desarrollo

Producción

Cada una de las fases de desarrollo de los organismos criados en la acuicultura necesita tratamientos particulares para reducir la mortandad lo máximo posible. Se separan las diferentes generaciones en tanques o en zonas diferenciadas, donde es fácil controlar y dosificar las intervenciones, como el suministro de particulares alimentos, fármacos antiparásitos, etc.

costeras, como las lagunas. Anguilas, lubinas, doradas o
mújoles nacen en el mar, pero crecen en las lagunas. La co-
locación de rejillas de hierro especiales que permiten a los
más pequeños entrar, pero que al mismo tiempo impiden
salir a los adultos, haciendo que se junten en una «cámara
de la muerte», permite al ser humano obtener sin esfuerzo un producto que crece a expensas del hábitat natural.
En cambio, en las instalaciones más sofisticadas se usan
tanques de cría en los que se meten los animales en el es-
tadio de larva o jóvenes, para dejarlos crecer hasta alcanzar la medida comercial. Estos tanques pueden disponer
de cambios de agua mediante bombas, o bien un cambio
natural si están construidos en áreas sujetas a los flujos de
marea. Ya los romanos utilizaban una serie de tanques comunicados con el mar donde conservaban y dejaban crecer
a los animales que pescaban en el mar.

En los últimos años, se ha hecho
frecuente utilizar jaulas flotantes
ancladas en mar abierto, porque en
condiciones similares a las
naturales los animales están menos
sujetos a las enfermedades o a los
parásitos que suelen afectarles en
ambientes artificiales.

EL SER HUMANO BAJO EL AGUA

Bajo el agua pág. 12

Ya en sus primeros intentos por conquistar el hábitat submarino, el ser humano quiso descender con sus propias reservas de aire. Parece ser que uno de los primeros submarinistas de la historia fue Alejandro Magno, que se hizo calar bajo el agua en una campana de madera dotada de una pequeña ventana. Otros intentaron inspirar el aire mediante largos tubos de piel conectados con la superficie. Sin embargo, todos estos métodos limitaron el descenso a menos de 20 metros de profundidad, puesto que cuando la presión del aire respirado es inferior a la del agua en la que se mueve el submarinista, los pulmones se comprimen de tal manera que impiden la respiración.

Fue en 1943 cuando dos científicos, Jacques-Yves Cousteau y Emile Gagnan, pusieron a punto un aparato, la escafandra autónoma, que hacía que el submarinista no dependiese de la superficie. Con la posibilidad de regular la presión del aire suministrado equiparándolo con el circundante, y con una reserva de aire colocada en la espalda, el ser humano conquistó definitivamente el hábitat marino, pudiendo alcanzar profundidades de decenas de metros. Los problemas que debe afrontar actualmente el submarinista derivan de la presión del aire inspirado.

A mayor presión, mayor absorción de gases por parte de los líquidos y los tejidos del cuerpo durante la inmersión. De hecho, sometidos a presión, los gases tienden a disolverse en los líquidos tal y como sucede en las bebidas gaseosas cuando las embotellan.

El cuerpo humano vol. 18

Los submarinistas modernos llevan escafandras de 90 kilos de peso, constituidos en buena parte por el lastre y los zapatos de plomo. Este peso permite caminar sobre el fondo con estabilidad.

Actualmente, el equipo para una inmersión deportiva o profesional permite alcanzar con total seguridad hasta 30-40 metros.

Las inmersiones con escafandra han permitido observar por vez primera a los habitantes marinos en su hábitat.

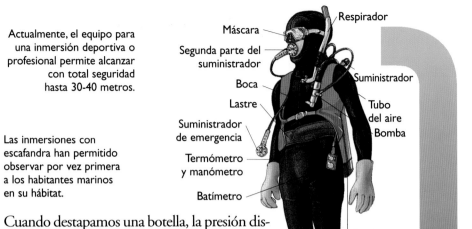

- Respirador
- Máscara
- Segunda parte del suministrador
- Boca
- Lastre
- Suministrador de emergencia
- Termómetro y manómetro
- Batímetro
- Suministrador
- Tubo del aire
- Bomba
- Bombona
- Traje aislante
- Aletas

Cuando destapamos una botella, la presión disminuye bruscamente y se libera una gran cantidad de burbujas. Del mismo modo, un submarinista en ascensión se expone a una disminución de presión que podría causar la formación de peligrosas burbujas que impidan a la sangre llegar a órganos vitales, como el cerebro.
Para dar tiempo a la sangre a eliminar los gases a través de los alveolos pulmonares, se ha elaborado el sistema de las tablas de descompresión. Dichas tablas indican las cuotas y tiempos de parada que hay que respetar durante el ascenso para que los tejidos y la sangre tengan tiempo de eliminar los gases disueltos.

La exploración de los abismos pág. 90

El continente desconocido pág. 8

LA INVESTIGACIÓN OCEANOGRÁFICA

Desde la antigüedad, el mar ha provocado el interés de numerosos científicos. Ya Aristóteles, al encontrar desperdigadas a lo largo de las costas griegas las semillas de la posidonia oceánica, supuso que el fondo marino estaba cubierto por una especie de encinas gigantes adaptadas al hábitat marino. Sin embargo, es necesario esperar hasta el siglo XVI para tener las primeras descripciones detalladas de algunos organismos, tanto vegetales como animales. Dos siglos más tarde tuvieron inicio las primeras exploraciones de hábitats completamente desconocidos hasta entonces por los científicos, en regiones a miles y miles de kilómetros de distancia de Europa, y que se consideraban completamente despobladas. Alrededor de la mitad del siglo XIX, se organizaron las primeras y verdaderas exploraciones oceanográficas, con barcos dotados de laboratorios para el estudio del mar, tanto desde el punto de vista

La primera gran expedición oceanográfica de la historia: desde 1872 hasta 1876, el *Challenger* navegó en aguas del Atlántico, del Antártico y del Pacífico, recogiendo numerosos datos de fundamental importancia.

Nuevas investigaciones (imagen de la página siguiente) están abriendo la posibilidad de explotar los fondos marinos para obtener nuevas fuentes de energía.

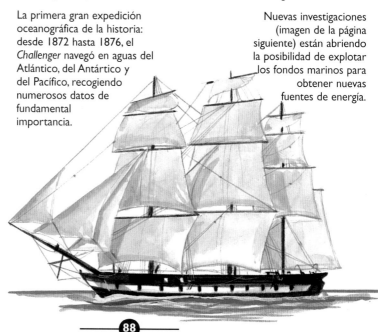

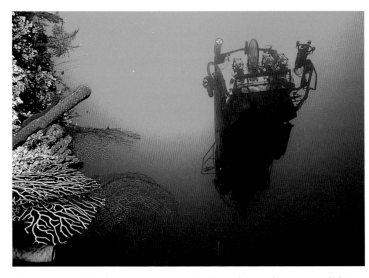

La travesía
del *Challenger*
vol. 23 - pág. 60

físico como biológico. Los resultados obtenidos antes del inicio del siglo XX representaron ya una etapa fundamental en el conocimiento de los mares. Con la medición de los datos de temperatura en diferentes regiones del mundo fue posible conocer la existencia y la orientación de las corrientes superficiales. Con la recogida de animales abisales se descubrió que los abismos no estaban privados de vida, como hasta entonces se había creído. Asimismo, el estudio de la distribución de los organismos y el descubrimiento de numerosos grupos de animales antes desconocidos, se revelaron esenciales para la formulación y posterior confirmación de la teoría de la evolución. Actualmente, los buques oceanográficos están equipados con modernos laboratorios químicos y biológicos. Al contrario de como sucedía en las antiguas expediciones, el personal científico no permanece a bordo durante toda la travesía, sino que los diferentes grupos de investigación se relevan cada pocas semanas alcanzando en avión el buque en los distintos puertos. Además, los nuevos instrumentos de investigación prestan su ayuda al estudio oceanográfico: gracias a los satélites, por ejemplo, es posible monitorizar constantemente inmensas áreas oceánicas y llevar el control de la temperatura, las corrientes y la productividad biológica.

El ser humano bajo
el agua
vol. 24 - pág. 38

LA EXPLORACIÓN DE LOS ABISMOS

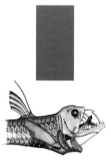

La curiosidad ha empujado desde siempre al ser humano a plantear asombrosas hipótesis sobre cómo serían los paisajes abisales y cuáles las criaturas que se escondían en ellos. Sólo a partir de la segunda mitad del siglo XIX se realizaron las primeras exploraciones con carácter científico (aunque indirectamente) de los hábitats más profundos. En 1934, el biólogo William Beebe y el ingeniero Otis Barton alcanzaron por primera vez los 923 metros de profundidad en una esfera de acero suspendida por cables. En 1960, Auguste Piccard realizó con el *Trieste*, el primer batiscafo independiente de la embarcación en la superficie, una inmersión de 10 910 metros de profundidad.

El *Trieste* fue el primero de una generación de sumergibles oceánicos con capacidad para 40 personas en las versiones más grandes. Con estos batiscafos ha sido posible estudiar diferentes aspectos, hasta ahora desconocidos, de la vida en los abismos. Por ejemplo, se ha resuelto el enigma del «estrato profundo dispersante», un falso fondo constituido por sifonóforos y pequeños peces linterna que dispersa las ondas de los sonares, dando falsas indicaciones sobre la profundidad de los fondos. También la geología ha avanzado notablemente gracias a estos instrumentos. Si se piensa que los primeros científicos marinos medían la profundidad mediante largos cables dotados de lastres, que recogían las muestras del fondo con pequeñas redes de arrastre, es posible hacerse una idea del camino recorrido en todo este tiempo.

Hoy, con los sonares, no sólo se mide la profundidad, sino que también se trazan mapas muy precisos de los fondos marinos. Minisumergibles, batiscafos y robots submarinos, sin personas a bordo, permiten ver y filmar incluso los ángulos más remotos de los abismos, así como tomar muestras del fondo o de materiales biológicos.

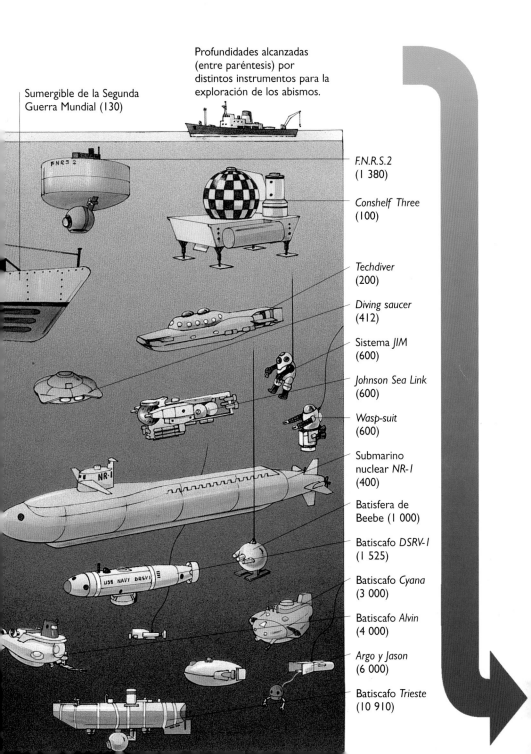

Sumergible de la Segunda Guerra Mundial (130)

Profundidades alcanzadas (entre paréntesis) por distintos instrumentos para la exploración de los abismos.

F.N.R.S.2 (1 380)

Conshelf Three (100)

Techdiver (200)

Diving saucer (412)

Sistema JIM (600)

Johnson Sea Link (600)

Wasp-suit (600)

Submarino nuclear NR-1 (400)

Batisfera de Beebe (1 000)

Batiscafo DSRV-1 (1 525)

Batiscafo Cyana (3 000)

Batiscafo Alvin (4 000)

Argo y Jason (6 000)

Batiscafo Trieste (10 910)

ÍNDICE ANALÍTICO

Los números en cursiva se refieren a la página en la que el argumento se trata de modo específico.

CRÉDITOS

Abreviaturas: a, alto; b, bajo; c, centro; d, derecha; i, izquierda.

Las ilustraciones contenidas en este volumen son inéditas y originales, y están realizadas bajo la supervisión y cuidado de DoGi spa, que tiene el Copyright.

Ilustraciones:
Archivo DoGi, Florencia: 16-17, 44b, 45, 57, 59a, 73c, 77i; Alessandro Bartolozzi: 10-11, 23c, 24-25, 32, 50b, 53a, 55b, 58b, 61d, 69, 80, 81; Luca Cascioli: 21, 26-27b, 28b; Luciano Crovato e Gianni Mazzoleni: 25a, 30-31, 36, 50c 55a, 66-67, 74-75, 88; Gian Paolo Faleschini: 37, 51b, 59bd, 75b; Inklink, Florencia: 14, 15, 16a, 20, 40, 42, 44c, 48-49, 52, 53c, 59bi, 61c, 63b, 71, 78-79, 84, 86, 87, 91; Bernardo Mannucci: 29a, 80-81; Alessandra Micheletti: 39, 41, 43a; Lorenzo Orlandi: 19a; Laura Ottina: 19b, 22-23b, 29b, 33, 43b, 60, 65a, 77a; Francesco Petracchi: 73b; Sandro Rabatti: 46, 47; Sebastiano Ranchetti: 13, 26-27a, 56, 80a, 83; Rosanna Rea: 51a; Claudia Saraceni: 62, 63a.

Todas las ilustraciones de las páginas, las imágenes a las que hacen referencia las flechas y las que aparecen junto a los títulos de los capítulos han sido realizadas por Bernardo Mannucci (elabo-ración en el ordenador) y Alessandro Bartolozzi (illustra-ciones) excepto las siguientes:
Luciano Crovato e Gianni Mazzoleni: cubierta bs, 11a, c, 13c, b, 24ad, 43c, 68ad, 86ad, 87c, 88ad, 89a, b, 90ad; Inklink, Florencia: 84ad; Ales-sandra Micheletti: 40ad, 90b; Francesco Petracchi: 36b, 38b; Claudia Saraceni: 23c; Daniela Sarcina: 8ad, b.

Fotografías:
Agencia Contrasto, Roma/Pacific Stock: 59; Sergio Bottai, Florencia: 23 a; Bob Cranston, San Diego: 21a, 56, 61, 87b, 89; Houdus/CDT 50, Saint-Lo: 23b; Andrea Innocenti, Florencia: 49a, 85; International Colour Press, Milano/Picturepoint: 82; International Colour Press, Milano/Peter David: 41; NASA: 9a, 34b; Promise, Roma/Alberto Luca Recchi: 15, 35d, 37a, 39a, 51b, 58, 62-63, 65, 79a; Sebastiano Ranchetti, Florencia: 73; SIE, Roma: 52; SIE, Roma/ Massimo Borchi 68; SIE, Roma/Kim Hart: 44-45; SIE, Roma/Johanna Huber 66c; SIE/Marco Leopardi: 18b; SIE, Roma/Stock Mar-ket/Bob Abraham: 76a; SIE, Roma/Stock Market/Harvey Lloyd: 55; SIE, Roma/Stock Market/Gnu Images: 57c; SIE, Roma/Stock Market/Tom Stewart: 47c; SIE, Roma, Stock Market/Norbert Wu: 12a, 35i, 39b, 64a; SIE, Roma/Zefa/ F.Nicklin: 32b; Topex/Poseidon/ NASA: 8b, 9b.

Cubierta:
SIE, Roma/Stock Market/ Norbert Wu.

DoGi spa ha realizado todos los esfuerzos para perseguir eventuales derechos a terceros. Por posibles errores u omisiones, se disculpa anticipadamente y será un placer para la misma introducir las oportunas correcciones en las sucesivas ediciones de esta obra.